思想政治理论课教学手册

——思想道德修养与法律基础篇

SIXIANG ZHENGZHI LILUNKE JIAOXUE SHOUCE

S I X I A N G D A O D E X I U Y A N G Y U F A L V J I C H U P I A N

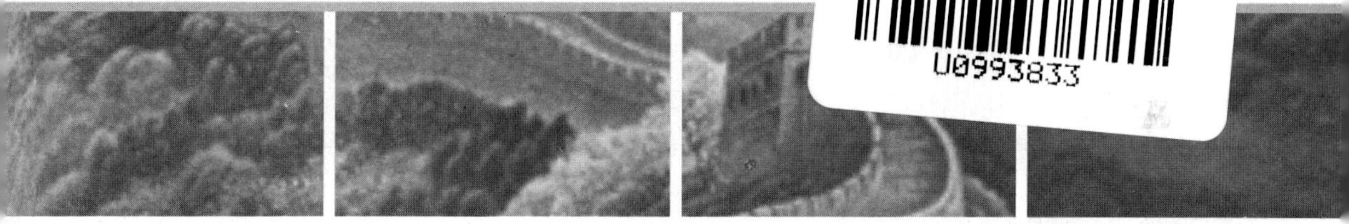

李赫男 主编

中国经济出版社
CHINA ECONOMIC PUBLISHING HOUSE

图书在版编目(CIP)数据

思想政治理论课教学手册.思想道德修养与法律基础篇/李赫男主编.——北京:中国经济出版社,2018.9

ISBN 978-7-5136-5343-5

Ⅰ.①思… Ⅱ.①李… Ⅲ.①思想政治教育—高等学校—教学参考资料 ②思想修养—高等学校—教学参考资料 ③法律—中国—高等学校—教学参考资料 Ⅳ.①G641

中国版本图书馆CIP数据核字(2018)第204884号

策划编辑 伏建全
责任编辑 孙晓霞
文字编辑 赵立颖
责任印刷 马小宾
封面设计 樊博超 任燕飞

出版发行 中国经济出版社
印 刷 者 北京金明盛印刷有限公司
经 销 者 全国新华书店
开　　本 710mm×1000mm 1/16
印　　张 8.75
字　　数 143千字
版　　次 2018年9月第1版
印　　次 2018年9月第1次印刷
定　　价 25.00元
广告经营许可证 京西工商广字第8179号

中国经济出版社 **网址** www.economyph.com **社址** 北京市西城区百万庄北街3号 **邮编** 100037

本版图书如存在印装质量问题,请与本社发行中心联系调换(联系电话:010-68330607)

编　委　会

出版说明

本教材改变了传统的教材模式，将第五代共建共享教材引入了思想政治理论课（简称“思政课”）教材领域，数字资源实现了云端存储，所有使用者通过手机扫描二维码上传资源至平台进行共建，可共享所有资源。教材呈现方式亦实现了多元化，包括手机、电脑、VR均可以作为教材的阅读设备。借助于数字媒体和云技术将平面化的教材内容与海量的教学资源进行有效地对接，为师生构建了立体化教学资源库。

本教材以开元数字教学平台为支撑，将课堂教学、实践课和教学管理等方面的资源引进平台并以教材为载体进行数字化整合，探索了共建共享数字资源模式。研究了一套涉及教材、课堂教学、实践课、教学管理四个方面，以共建共享模式为基础的完整数字化教学改革方案，彻底颠覆了传统的思政课教学模式，以期从教学方式入手提高高校思政课的教学质量。推广用数字化手段监管高校思政课的管理方式，并通过采集到的大数据信息制作三大报告体系（思想政治理论课质量评估报告体系、大学生思想动态分析报告体系、大学生个人学情报告体系）。

课堂教学平台实现了教学资源全国思政教师共建，将优化后的教学互动软件由全国思政课教师共享，并探索了将优质学校教师资源引入高校思政课堂的教师共享模式。实践课方面，运用许多方式将社会专家引入平台进行数字化管理归档，并将这些资源随教材共享给各高校，构建了实践课的大思政格局。每一个实践课课型在开发成熟后都可以为所有使用教材的学校共享，共享的内容包含实践课课程共建共享模式和数字化的社会专家资源等。教学管理方面，改变了传统的教学听课监管方式，使所有管理者用手机就可以一键切入任何一个课堂进行实时听课。教学过程累积的数据形成三大报告体系亦可以为高校教学改革和行政机关的科学决策提供重大参考。

总之，本教材共建的全部资源随书动态更新，可为其他高校所共享。真正能够实现全国教师共建一门课程，是目前国内率先出版的一本数字化多媒体思想政治理论课教材。

前　言

“思想道德修养与法律基础”是中宣部、教育部规定的高校思想政治理论课程之一，是一门以马克思主义、毛泽东思想、邓小平理论、“三个代表”重要思想、科学发展观以及习近平新时代中国特色社会主义思想为指导，以社会主义核心价值观为思想内核，对大学生人生观、价值观、道德观和法律基础知识进行系统培养的一门思想政治理论必修课。《思想道德修养与法律基础》是我国高校广泛采用的思想道德修养与法律基础的权威教材之一。为了帮助广大学生更好地学习和领会2018年修订版的新教材，我们根据新版教材和近年来各大考试命题的规律精心编写了《思想政治理论课教学手册——思想道德修养与法律基础篇》。

本书的内容包括：

(1)整理教材笔记，浓缩知识精华。每章的复习资料均对该章的重难点进行了整理，并参考了国内名校名师讲授该教材的课堂笔记。

(2)详解课后习题，巩固重点难点。参考大量相关资料，针对《思想道德修养与法律基础》里的习题进行了详细地分析和解答，并对相关重要知识点进行了延伸和归纳。

(3)精选各类考试真题，培养解题思路。精选了近三年来关于《思想道德修养与法律基础》知识点的考试真题，基本涵盖了每章的考点和难点，特别注重理论联系实际，凸显当前热点。

(4)教学素材整理。对于每章教学所需的各种素材进行归纳整理，提供了丰富的教学资源，方便教师及学生使用。

与传统图书相比，本书具有以下特色：

(1)扫码下载，网络答疑。扫一扫本书封面的二维码，可以免费下载本书的电子版。可以在网上交流学习视频、语音，并提供各大考试前的网络答疑。

（2）实践互动，多维度学习知识。本书与其相关的实践活动紧密联系，不单单是在书本上学习知识，还可以延伸到现实生活的实践中，把知识活学活用。

全书共六章，第一章至第五章由武建竹编写，第六章由李赫男编写，电子资源部分由陈利、李赫男、阚明娜、武建竹等负责整理。全书由李赫男任主编并负责统稿和审稿。

为了保证本书的顺利出版，学院成立了编委会，在编写过程中，得到编委会的专业指导和大力支持，在此表示感谢。由于编者的经验和水平有限，书中存在不妥之处，敬请专家和读者指正。

编委会

2018 年 7 月

目　录

绪　论

一、我们处在中国特色社会主义新时代

步入人生新阶段，确立新目标，开启新征程，需要对新时代有深入的了解和真切的感悟。经过长期努力，中国特色社会主义进入了新时代，这是我国发展新的历史方位。作出这个重大政治判断，是改革开放以来特别是党的十九大以来我国社会所取得的历史性成就和发生的历史性变革的必然结果，是我国社会主要矛盾运动的必然结果，也是党团结带领人民开创光明未来的必然要求。

这个新时代，是中国特色社会主义新时代，深刻把握中国特色社会主义新时代的内涵和特征，有利于进一步统一思想、凝聚力量，在新的起点上把中国特色社会主义事业推向前进。新时代是我们理解当前所处历史方位的关键词。

中国特色社会主义进入新时代，意味着近代以来久经磨难的中华民族迎来了从站起来、富起来到强起来的伟大飞跃，迎来了实现中华民族伟大复兴的光明前景；意味着科学社会主义在21世纪的中国焕发出强大生机活力，在世界上高高举起了中国特色社会主义伟大旗帜；意味着中国特色社会主义道路、理论、制度、文化不断发展，开拓了发展中国家走向现代化的途径，给世界上那些既希望加快发展又希望保持自身独立性的国家和民族提供了全新选择，为解决人类问题贡献了中国智慧和中国方案。

这个新时代，是承前启后、继往开来、在新的历史条件下继续夺取中国特色社会主义伟大胜利的时代，是决胜全面建成小康社会、进而全面建设社会主义现代化强国的时代，是全国各族人民团结奋斗、不断创造美好生活、逐步实现全体人民共同富裕的时代，是全体中华儿女勠力同心、奋力实现中华民族伟大复兴中国梦的时代，是我国日益走近世界舞台中央、不断为人类做出更大贡献的时代。

中国梦是国家情怀、民族情怀、人民情怀相统一的梦。“家是最小国，国是千万家。”国泰而民安，民富而国强。中国梦的最大特点，就是把国家、民族和个人作为一个命运共同体，把国家利益、民族利益和每个人的具体利益紧紧联系在一起，体现了中华民族的“家国天下”情怀。

中国梦归根到底是人民的梦。人民是中国梦的主体，是中国梦的创造者和享有者。中国梦不是镜中花、水中月，不是空洞的口号，其最深沉的根基在中国人民心中，必须紧紧依靠人民来实现，必须不断为人民造福。我们的人民是伟大的人民，中国人民素来有着深沉厚重的精神追求，即使近代以来饱尝屈辱和磨难，也没有自弃沉沦，而是始终怀揣梦想，向往光明的未来。中国梦是历史的、现实的，也是未来的。今天，在习近平新时代中国特色社会主义思想的指引下，中华民族的追梦之路更清晰、筑梦之基更坚实、圆梦之策更精准。站在新时代的起点，我们比历史上任何时期都更接近中华民族伟大复兴的目标，比历史上任何时期都更有信心、有能力实现这个目标。

中国梦是国家的、民族的，也是每一个中国人的。在实现民族复兴梦想的伟大征程中，青年不懈追求的梦想始终与振兴中华的责任担当紧密相连。在革命战争时期，青年一代满怀革命理想，为争取民族独立、人民解放冲锋陷阵、抛洒热血；在社会主义建设时期，青年一代响应党的号召，在新中国的广阔天地忘我劳动、艰苦创业；在改革开放时期，青年一代发出了团结起来、振兴中华的时代强音，为祖国的繁荣富强开拓奋进、锐意创新。当代大学生是民族复兴伟大进程的见证者和参与者，也是社会主义事业的生力军。新时代为大学生成长成才、勤学报国提供了广阔的舞台和无限的机遇。新时代属于每一个人，每一个人都是新时代的见证者、开创者、建设者。在新时代的中国，经济建设主战场、文化发展大舞台、社会建设新领域、科技创新最前沿、基层实践大熔炉，都是当代大学生贡献聪明才智、书写青春篇章的热土福地，中华民族伟大复兴终将在广大青年的接力奋斗中变为现实。

大学阶段，是人生发展的重要时期，是世界观、人生观、价值观形成的关键时期。怎样处理好理想与现实、个人与集体、竞争与合作、权利与义务、自由与纪律、友谊与爱情、学习与工作等方面的关系，做什么样的人，怎样做人，怎样的生活才有意义，怎样的人生追求才有价值等，这一系列的人生课题，都需要大学生去观察、思索、选择、实践。

二、时代新人要以民族复兴为己任

大学生应该以有理想、有本领、有担当为根本要求，夯实综合素质基础，着力提升思想道德素质和法治素养，展现新的风貌、新的姿态，成为中国特色社会主义事业的合格建设者和可靠接班人，成为走在时代前列的奋进者、开拓者、奉献者。

(一)做有理想、有本领、有担当的时代新人

坚定理想信念，志存高远，脚踏实地，勇做时代的弄潮儿，大学生才能真正成为担当民族复兴大任的时代新人。能承担起自己的历史使命和时代责任至少做到以下几点：

第一，要有崇高的理想信念，牢记使命，自信自励。崇高的理想信念是事业和人生的灯塔，决定我们的方向和立场，也决定我们的精神状态和实际行动，直接关系着人生目标的选择、人生价值的实现。没有崇高的理想信念，就会导致精神上的“软骨病”，人生勇气、意志与毅力都会出现严重问题，从而极易受到各种不良思想行为的诱惑、误导、传染，难以在时代洪流中成为砥柱新人，甚至被时代洪流所淘汰。中国梦是全国各族人民的共同理想，中国特色社会主义是党带领人民历经千辛万苦找到的实现中国梦的正确道路。从全面建成小康社会到基本实现现代化，再到全面建成社会主义现代化强国，是新时代中国特色社会主义发展的战略安排。建设社会主义现代化强国的任务书、时间表、路线图，为广大青年清晰指明了历史使命、奋斗目标和前进方向。大学生要有作为中华儿女的骄傲和自豪，爱党、爱国、爱社会主义，树立坚定的政治方向和远大的人生志向，坚定中国特色社会主义的道路自信、理论自信、制度自信、文化自信，把理想信念建立在对科学理论的理性认同上，建立在对历史规律的正确认识上，建立在对基本国情的准确把握上。大学生要保持对理想信念的激情和执着，将实现“两个一百年”的奋斗目标、实现中华民族伟大复兴中国梦的历史使命内化为担当的自觉，外化为实际的行动，从容自信、坚定自励。

第二，要有高强的本领才干，勤奋学习，全面发展。大学生既要惜时如金、孜孜不倦，下一番心无旁骛、静谧自怡的功夫，又要突出主干、择其精要，做到又博又专、愈博愈专；既打牢扎实基础，又及时更新知识；既刻苦钻研理论知识，又积极掌握实践技能；既向书本学，又向实践学、向群众学；既向传统学，又向现代学，努力成为兼收并蓄、融会贯通、本领高强、全面发展的优秀人才。概而言之，大学生应把学习作为首要任务，树立梦想从学习

开始、事业靠本领成就的观念，让勤奋学习成为青春远航的动力，让增长本领成为青春搏击的能量。不断增强的本领才干，是青春焕发光彩的重要源泉。新时代大学生素质和本领的强弱，直接影响着民族复兴的进程。身处日新月异的新时代，面对国内外环境发生深刻变化，知识更新周期大大缩短，大学生要有本领不够、才干不足的紧迫感，自觉加强学习、勤奋探索，在社会实践中全面发展。

第三，要有天下兴亡、匹夫有责的担当精神，讲求奉献，实干进取。作为实现中华民族伟大复兴的生力军，大学生的担当精神体现为奉献祖国、奉献人民、尽心尽力、勇于担责，必须讲求奉献，实干进取，自觉树立国家意识、民族意识、责任意识，把个人前途命运与国家、民族的前途命运紧紧地联系在一起，在尽责集体、服务社会、贡献国家中实现人生理想和人生价值。青春至美是担当，青年的担当是决定人生价值的最大砝码，是影响时代发展进程的重要力量。我们越是接近中华民族的伟大复兴，越是需要付出更为艰巨、更为艰苦的努力。应坚持实践第一、知行合一，求真务实、有为善为，勇于面对实际生活中的各种挫折考验，勤奋刻苦、磨砺意志、脚踏实地。

青年兴则国家兴，青年强则国家强。青年一代有理想、有本领、有担当，国家就有前途，民族就有希望。大学生是国家宝贵的人才资源，是民族的希望、祖国的未来，肩负着人民的重托、历史的重任。新时代的大学生朝气蓬勃、好学上进、视野宽广、开放自信，是可爱、可信、可为的一代。有信念、有梦想、有奋斗、有奉献的人生，才是有意义的人生。当代大学生建功立业的舞台空前广阔，梦想成真的前景空前光明，每个人都有机会在实现中国梦的伟大实践中创造自己的精彩人生。当代大学生一定要担当起党和人民赋予的历史重任，在激扬青春、开拓人生、奉献社会的进程中书写无愧于时代的壮丽篇章！

（二）提升思想道德素质与法治素养

思想道德素质和法治素养，是思想政治素质、道德素质和法治素养的有机融合，是新时代大学生必须具备的基本素质。人的本质是一切社会关系的总和。一个人要安身立命、成长成才、贡献社会，需要不断地调整自身与他人的关系，不断实现人的社会化。其中最为重要的就是，要正确认识自己、认识他人、认识社会，学习掌握运用道德和法律规范，正确调整自己的行为。思想道德和法律都是调节人们思想行为、协调人际关系、维护社会秩序的重要手段。思想道德和法律虽然在调节领域、调节方式、调节目标等方面存在很大不同，但是两者都是上层建筑的重要组成部分，共同服务于一定的经济基础。在我国，中国特色社会主义思想道德建设和中国特色社会主义法治建设紧密联系、相互促进，为中国特色社会主义事业提供坚实的思想基础、精神支撑和法治保障。坚持和发展中国特色社会主义，既要发挥思想道德的引领和教化作用，又要发挥法律的规范和强制作用。

一方面，思想道德为法律提供思想指引和价值基础。思想道德为法律的制定、发展和完善提供价值准则，是社会主义法律正当性和合理性的重要基础；思想道德能够促进人们自觉尊法、学法、守法、用法，维护法律权威；思想道德调整社会关系的范围和方式更加广泛灵活，可以弥补法律调整的短板，与法律一道共同促进良好社会秩序的形成。另一方面，法律为思想道德提供制度保障。法律通过对思想道德的基本原则予以确认，为思想道德建设提供国家强制力保障。科学立法和民主立法，可以将思想道德有机融入法律体系，使法律具有鲜明道德导向，让法治成为良法善治；严格执法和公正司法，有利于维护社会公平正义，弘扬真善美、打击假恶丑，使思想道德要求在实践中得到切实遵循；全民普法和全民守法，有助于增强人们信守法律的思想道德水平，引导人们自觉履行法定义务、家庭责任、社会责任。

思想道德素质和法治素养是人应该具有的基本素质。法治素养是指人们通过学习法律知识、理解法律本质、运用法治思维、依法维护权利与依法履行义务的素质、修养和能力，对于保证人们尊崇法治、遵守法律具有重要的意义。再多再好的法律，必须转化为人们的内心自觉才能真正为人们所遵行。

良好的思想道德素质和法治素养，是在学习中升华、内省中完善、自律中养成、实践中锤炼的结果，同时也是大学生把握发展机遇、创造人生精彩的基础条件和宝贵资源。大学生应当通过理论学习和实践体验，牢固树立坚定的理想信念和正确的价值观念，陶冶高尚的道德情操，增强尊法、学法、守法、用法的自觉性，不断提高自身的思想道德素质和法治素养。思想道德素质是人们的思想观念、政治立场、价值取向、道德情操和行为习惯等方面品质和能力的综合体现，反映着一个人的思想境界和道德风貌，是促进个体健康成长、社会发展进步的重要保障。

“思想道德修养与法律基础”是一门融思想性、政治性、科学性、理论性、实践性于一体的思想政治理论课。学习本课程，有助于大学生领悟人生真谛，坚定理想信念，践行社会主义核心价值观，做新时代的忠诚爱国者和改革创新的生力军；有助于大学生形成正确的道德认知，积极投身道德实践，做到明大德、守公德、严私德；有助于大学生全面把握社会主义法律的本质、运行和体系，理解中国特色社会主义法治体系和法治道路的精髓，增进法治意识，养成法治思维，更好地行使法律权利、履行法律义务，做到尊法、学法、守法、用法，从而具备优秀的思想道德素质和法治素养。本课程针对大学生成长过程中面临的思想道德和法律问题，开展马克思主义的世界观、人生观、价值观、道德观、法治观教育，引导大学生提高思想道德素质和法治素养，成长为自觉担当民族复兴大任的时代新人。

第一章　人生的青春之问

PPT

人的本质是什么，人生是为了什么，怎样的人生更有意义等问题，是萦绕在每一位大学生心头的青春之问。大学时代，是大学生形成正确人生观的关键时期。在这个时期，系统的学习人生观理论，领悟人生真谛，思考人生价值至关重要。面对世界的复杂变化，面对信息时代各种思潮的激荡，面对纷繁多样的社会现象，大学生要学会在科学理论指导下树立正确的人生观，把自己的人生追求同国家发展进步、人民伟大实践紧密结合起来，通过不懈努力实现人生价值。

第一节　人生观是对人生的总看法

教学视频 1-1

人生观是人们在实践中形成的对于人生目的和意义的根本看法，它决定着人们实践活动的目标、人生道路的方向，也决定着人们行为选择的价值取向和对待生活的态度。人生观是世界观的一个重要组成部分，受到世界观的制约，人生观主要是通过人生目的、人生态度和人生价值三个方面体现出来的。正如习近平同青年大学生座谈时强调："要树立正确的世界观、人生观、价值观，掌握了这把总钥匙，再来看看社会万象、人生历程，一切是非、正误、主次，一切真假、善恶、美丑，自然就洞若观火、清澈明了，自然就能作出正确判断、作出正确选择。"

一、人生与人生观

教学素材1-1

人的生命过程不同于其他动物的生命过程，它不仅是一个自然过程，还包含着极其丰富的社会内容。人的生命历程不仅要维系自身的生存和繁衍，还要生产、交往、创造，在极为丰富的社会生活中观察、思索、判别和选择，从而形成一定的人生观。人生观就是人们关于人生目的、人生态度、人生价值等问题的总观点和总看法。它是世界观的重要组成部分。人生观主要回答人为什么活着，人生的意义、价值、目的、理想、信念、追求等问题。人生观是人们在实践中形成的对于人生目的和意义的根本看法和态度。因此人人都有人生观。人生观制约着人生的方向和道路，决定着一个人做人的标准，其作用主要是通过人生目的、人生态度、人生价值三个方面体现出来。

人生目的是指生活在一定历史条件下的人，对"人为什么活着"这一人生根本问题的认识和回答，是人在实践中关于自身行为的根本指向和人生追求。人生目的是人生观的核心，在人生实践中具有重要作用。人生态度表明人应当怎样对待生活。人生价值判断什么样的人生才有意义。这三个方面互相联系、互相制约，其中人生目的是核心，决定着其他两个方面，有什么样的人生目的就会有什么样的人生态度，就会追求什么样的人生价值。

当代大学生的大学时代正是人生观形成并稳定发展的关键时期。他们对人的本质、作用、人生道路和人生哲学等问题，已经自觉从理论上通过论证去寻求答案，而不满足于人生问题的一般描述和泛泛之谈。他们能对已经学得的人生价值判断进行重新审视，以便形成经过自己探求、具有自身特性的人生价值观，并使之系统化和体系化。大学生思考和规划自己的人生之路，首先要学会科学地看待人生的根本问题，认识个人与社会的辩证关系，掌握人生观的基本理论。

（一）正确认识人的本质

思考人生，树立正确的人生观，首先需要对"人是什么"和"人的本质是什么"等问题有科学的认识。人的生命活动不同于动物的生命活动，人是以劳动求得生存和发展。人类在脱离动物状态而转变为人的过程中，劳动发挥了决定性的作用。人的实践活动是有意识的，人能够对自己的存在和活动的内容、方式有所"观"，并且根据一定的"观"作出选择、采取行动。

对人的认识，核心在于认识人的本质，人对自身的认识，既是一个古老的问题，又是一个常新的问题。马克思运用辩证唯物主义和历史唯物主义的立场观点方法，揭开了人的本质之谜。他指出："人的本质不是单个人所固有的抽象物，在其现实性上，它是一切社会关系的总和。"这一论断，在人类历史上第一次科学地说明了人的本质，为人们认识人生、形成正确的人生观提供了科学的方法论。任何人都是处在一定的社会关系中从事社会实践活动的人。社会属性是人的本质属性。每个人一出生，就从属于一定的社会群体，同周围的人发生各种各样的社会关系，人的社会关系的总和决定了人的本质。人们正是在这种客观的、不断变化的社会关系中塑造自我，成为真正现实的、具有个性特征的人。因此，认识人的本质，只能立足于具体的、历史的社会关系中从事社会实践的人，而不能从抽象的人性论出发，更不能依靠神的启示。正是在一定的社会历史条件下，人们面对各种各样的境遇，在客观的不断变化的社会关系中实践人生，通过现实的生活逐渐地感悟人生，形成了相应的人生观。

(二)人生观的主要内容

人生观是人们在实践中形成的对于人生目的和意义的根本看法和态度。它是世界观的一部分,用世界观去观察和对待人生问题,就形成了人生观。活在世上的每个人都有对人生的看法,因此人人都有人生观。人生观影响着人生道路和方向。人生观的主要内容包括人生目的、人生态度和人生价值三个方面。人生目的回答人为了什么活着,人生态度回答人应当如何活着,人生价值回答什么样的人生才有价值。这三个方面相互联系、相辅相成,统一为一个有机整体。

第一,人生目的决定人生道路。一方面,人生目的确定了人生活动的大方向,对人们所从事的具体活动起着定向的作用。另一方面,人生目的又是人生行动的动力源泉,当人们意识到为什么活着的时候,就会产生一种巨大的力量,激励着人们为了既定的目标而奋发进取、努力拼搏。人生目的在人生观中居于核心地位。人生目的是人生实践活动的总目标,是对“人为什么活着”这一人生根本问题的认识和回答。人生目的一经确定,就居于人生观的核心,对人生道路、人生态度、人生价值等具有决定作用。古今中外众多创造了辉煌壮丽人生的志士仁人,多在青年时期就确立了正确的人生目的,从而在面对人生的一系列重大课题时,能作出正确的选择,始终朝着正确的人生发展方向前进。

第二,人生目的决定人生价值。人生道路崎岖不平,面对各种矛盾和斗争,不同的人生目的会使人采取不同的人生态度。一个人的人生目的越明确、越高尚,内心所激发的驱动力就越强大、越持久,在困难和挫折面前就会不气馁、不退缩,始终抱定一种积极进取、乐观向上的人生态度。在古今中外和现实生活中,许多有所成就的人,都是在正确人生目的引导下笑对人生道路上的惊涛骇浪,靠百折不挠的勇气和持之以恒的决心赢得了成功,成为世人学习的楷模。

总之,人生目的是人生的航标,它指引着人生的航向。不同的人生目的会有不同的人生选择,不同的人生选择决定在不同的人生追求,不同的人生追求决定着不同的人生价值。高尚的人生目的集中表现了人生的真、善、美。同学们应认真学习科学理论,努力提高明辨是非、善恶、美丑的能力,自觉追求崇高的人生目的,在服务人民和奉献社会的实践中实现有意义的人生。

（三）高尚的人生目的指引人生方向

为人民服务的人生目的，才是高尚的人生目的，才值得当代中国大学生终生遵奉、矢志践行。

1. 培养和树立为人民服务的人生目的，是党和人民对大学生的要求和期待。在马克思主义发展史上，从马克思提出的“为绝大多数人谋利益”到列宁提出的“为千千万万劳动人民服务”，再到毛泽东精辟概括的“为人民服务”，都是建立在历史唯物主义关于人民群众创造历史的理论基础之上的。这种群众历史观反映到人生目的上，必然是为人民服务，即为创造社会物质财富和精神财富、推动社会历史变革的绝大多数人服务。在新世纪新阶段，大学生只有自觉地树立起为人民服务的人生目的，才能在服务人民、奉献社会的实践中创造人生的价值，肩负起建设中国特色社会主义、实现中华民族伟大复兴的历史使命。

2. 培养和树立为人民服务的人生目的，是大学生成长成才的内在要求。为人民服务就是为社会上大多数人服务。当代大学生只有将为人民服务确立为人生目的，才能使自己为他人、为社会做贡献的同时，从他人、从社会那里获得物质上的收益、才智上的锻炼、精神上的提升。培养和树立为人民服务的人生目的，是抵制各种错误人生观影响的有力武器。由于历史和现实因素的影响，当前我国社会上还存在拜金主义、享乐主义、极端个人主义等错误人生观。这些人生观之所以错误，就在于没能准确把握个人和社会的关系，片面强调个人的需要和享乐，忽视了个人对社会的责任和贡献。只有确立为人民服务的人生目的，才能有效抵御错误人生观的影响。正如毛泽东所说：“一个人能力有大小，但只要有这点精神，就是一个高尚的人，一个纯粹的人，一个有道德的人，一个脱离了低级趣味的人，一个有益于人民的人。”这点精神，就是科学的人生观，就是高尚的人生目的。

（四）人生观与世界观

人生观与世界观有密切的关系。世界观是人们对生活在其中的世界以及人与世界的关系的总体看法和根本观点。世界观决定人生观，有什么样的世界观，就会有什么样的人生观。辩证唯物主义认为，人和人类社会是自然界长期发展的产物，人的一切认识都是来自实践，并在实践中不断发展。在这样的世界观指导下，人们就能更好地立足现实，客观地对待人生，在人生道路上勇于拼搏，在实际社会生活过程中寻找解答人生问题的正确答案。概而言之,对人生意义的正确理解,需要建立在对客观世界发展规律正确认识的基础之上。树立正确的人生观,思考人生为了什么、该如何对待人生、怎样的人生是有意义的人生等问题,离不开马克思主义科学世界观的指导。同时,人生观又对世界观的巩固、发展和变化起着重要作用。

二、个人与社会的辩证关系

个人是社会中的个人,社会是由个人组成的。个人生存和发展离不开社会,个人的发展更需要社会提供种种条件。任何一个社会的存在和发展,都是所有个人及其集体努力的结果,一切个人活动的总和构成社会的整体运动及发展。人是社会的人,每一个人都存在和活动于具体的、基于特定历史的现实社会当中。人生的内容与复杂多样的社会关系和社会活动密不可分。个人与社会的关系问题是认识和处理人生问题的重要着眼点和出发点。

1. 个人与社会是对立统一的关系,两者相互依存、相互制约、相互促进。社会是由一个个具体的人组成的,离开了人就没有社会,社会是人的存在形式。同时,人是社会中的人,离开了社会人也无法生活。个人与社会的关系,最根本的是个人利益与社会利益的关系。社会需要是个人需要的集中体现,是社会全体成员带有根本性、全局性、长远性需要的反映。个人利益的满足只能是在一定的社会条件下、通过一定的社会方式来实现。

2. 在社会发展中认识自我,调整和充实自我。人从其本性上说是社会中的人,都存在于一定的社会关系中。自觉地意识到这一点,可以掌握自我调节的主动性,使个人与社会的联系总是处在积极的状态,从而获得自我发展的基本优势。在正确认识自我的基础上,个人还必须把握社会发展的主旋律,进而不断地调整和充实自我,使自我意识处于良性循环中。

3. 在个人发展中承担社会责任,履行社会义务。人是社会中的人,社会是人的社会,个人的生存和发展不可能离开社会,而社会的进步又必须依赖个人的劳动和创造。在现实生活中,每个人都需要从社会获得自身生存和发展的基本条件,而这些条件的具备,又必须建立在社会中每个人共同劳动、共同创造的基础之上。所以,承担社会责任,履行社会义务,以自己的劳动和创造为社会做贡献,是社会存在和发展必不可少的前提。

大学生思考人生问题,应该正确认识和处理个人与社会的关系,把小我和大我更好地结合起来,把自己的人生追求同社会的发展进步紧密结合起来,在为社会做贡献的过程中成长进步,实现自己的人生价值。

第二节　正确的人生观

教学视频1-2

大学时期是世界观、人生观、价值观形成的关键时期。大学生应深入领会马克思主义关于人生问题的基本理论，准确掌握面对和解决人生问题的科学方法，树立正确的人生观，明确人生目的、端正人生态度、认识人生价值，为创造有意义有价值的人生奠定良好的基础。

人生观是人们对人生目的和人生意义的根本看法和态度。它决定一个人做人的标准，是把握人生方向、抉择人生道路的指南。正确的人生观是为别人服务的人生观。为别人服务的人生观是真正建立在历史唯物主义基础之上的科学的人生观，是能真正实现个人与社会的有机统一，且最符合人类的根本利益和要求的人生观。用正确的人生观指导自己的人生，要求我们在处理个人与他人的关系时，应当遵循“我为人人，人人为我”的原则。我们应该在自己的工作生活中，积极认真，努力为人类创造物质财富和精神财富，为他人为社会做贡献；社会的物质财富和精神财富的丰富和发展，也为我们自身的完善和发展创造必要条件。同时，我们也只有在为人类服务的过程中，通过为他人创造幸福，才能使自己得到真正的幸福，才能真正地实现人生价值。如果当今的社会，拜金、享乐、自私这些价值观充斥人心，正确的价值观就成了假话、空话。

在当今中国社会中，一些人的文化观、价值观、人生观、世界观都比较混乱，毕竟改革开放引进来的除了精华，还有思想的多元化，也就导致了思想的混乱。而当今如此之快的社会节奏，又有几个人能思考什么是正确的价值观？

一、科学高尚的人生追求

在人生目的中，高尚的人生目的总是与奋斗、奉献联系在一起。大学生只有把自己的人生目的与国家前途、民族命运、人民幸福联系在一起时，才能自觉自愿地把自己的一生奉献于利国利民的事业。

在不同的历史时期，中国共产党人将马克思主义与中国革命、建设、改革的具体实际相结合，阐述了服务人民和奉献社会的人生观。不论在革命战争年代，还是在和平建设时期，服务人民、奉献社会这一高尚的人生追求，熏陶、感染了一代代革命者和建设者，对中国革命、建设、改革事业产生了重要的推动作用。大学生要把为国家和人民事业无私奉献作为人生的最高追求，在服务他人、奉献社会中收获成长和进步。“服务人民、奉献社会”的思想以其科学而高尚的品质，代表了人类社会迄今为止最先进的人生追求。

人民群众是社会历史的主体，是社会物质财富和精神财富的创造者，是社会变革的决定力量，服务人民、奉献社会的人生追求，以历史唯物主义关于人民群众是历史的创造者的基本观点为理论基础，指明了人在成长和发展过程中应确立的人生目标和方向。一个人确立了服务人民、奉献社会的人生追求，才能清楚地把握人的生命历程和奋斗目标，深刻理解人为了什么而活、应走什么样的人生之路等道理。

一个人的能力有大小、职业有不同、职位有高低，但只有自觉把个人之小我融入社会之大我，不为狭隘私心所扰，不为浮华名利所累，不为低俗物欲所惑，才能够在推动社会进步中创造不朽的业绩。一个人确立了服务人民、奉献社会的人生追求，才能以正确的人生态度对待人生、解决实际生活中的各种问题，以人民利益为重，始终对祖国和人民具有高度的责任感，在服务人民、奉献社会中实现自己的人生价值。

只有确立了服务人民、奉献社会的人生追求，才能以正确的人生态度对待人生、解决实际生活中的各种问题，以人民利益为重，始终对祖国和人民具有高度的责任感，在服务人民、奉献社会中实现自己的人生价值。只有确立了服务人民、奉献社会的人生追求，才能掌握正确的人生价值标准，才能懂得人生的价值首先在于奉献，自觉用真善美来塑造自己，不断培养高洁的操行和纯朴的情感，努力使自己成为一个高尚的人。

二、积极进取的人生态度

所谓人生态度，是指人们通过生活实践形成的对人生问题的一种稳定的心理倾向和基本意愿。积极进取的人生态度能够促进人生目的的达到。有积极进取的人生态度，就能为实现崇高的人生目的而拼搏；积极进取的人生态度有助于人生价值的实现。积极进取的人生态度能够调整人生道路的方向，保证主体将远大的理想寓于具体的行动中，始终以豁达的心态和务实的精神，脚踏实地、一步一个脚印地实现人生目标。

1. 认真的人生态度。认真的人生态度，就是要严肃思考人的生命应有的意义，明确生活目标和肩负的责任，既要清醒地看待生活，又要积极认真地面对生活。大学生要正确认识和处理人生中遇到的各种问题，对自己认真负责，对别人负责，进而对民族、国家、社会负责，做一个有价值、负责任的人。

2. 务实的人生态度。实事求是，以科学的态度看待人生，以务实的精神创造人生。要把远大的理想寓于具体的行动中，不能好高骛远、空谈理想、眼高手低、浅尝辄止。坚持实事求是的思想方法和人生态度，从身边的事做起，脚踏实地、一步一个脚印地实现人生目标。

3. 乐观的人生态度。大学生处于人生特定的成长阶段，面对学习、就业、恋爱等各种实际问题，要保持乐观向上的人生态度，相信生活是美好的，前途是光明的，遇事要想得开，做人要心胸豁达，在生活实践中不断调整心态，磨炼意志，提高逆商。

4. 进取的人生态度。人生实践是一个创造的过程。适应历史发展的趋势，以开拓进取的态度迎接人生的各种挑战，才能不断领悟美好人生的真谛，体验生活的快乐和幸福。大学生要积极进取，丰富人生的意义，要发扬自强不息、敢为人先、百折不挠、坚韧不拔的精神，始终保持蓬勃朝气、昂扬锐气，充分发挥创造力，在创新创造中实现人生价值。大学生要积极进取，不断丰富人生的意义，不能贪图安逸、满足现状、因循守旧、故步自封，否则人生就会失去应有的光彩。

三、人生价值的评价与实现

教学素材1-2

(一)人生价值及其基本内容

人是一种价值性的存在,从“人的价值”中可以引申出“人生价值”。所谓人生价值,是指人的生活实践对个人和社会所具有的作用和意义。在生活实践中,人生价值包含两个方面的内容:一种是人生的自我价值;一种是人生的社会价值。

1. 人生的自我价值,是个体的人生活动对自己生存和发展所具有的价值,主要表现为对自身物质和精神需要的满足程度。我们通常所说“一个人实现了他的自我价值”,意思是说,他通过自己的活动满足了自己的需要、实现了自己的利益。比如,一个人想取得专科或本科的文凭,于是通过自己的努力,参加了自学考试,最后如愿以偿,这就叫实现了自我价值。

2. 人生的社会价值,是指个体的人生活动对他人、社会所具有的价值,主要表现个体对他人、社会所做的贡献。一般说来,一个人对社会的贡献越大,他的社会价值就越高。一个人贡献的大小,与他的能力有一定关系。人对社会的贡献不仅可以是物质方面的,还可以是精神方面的,在精神方面做出贡献同样能提高自己的社会价值。比如,雷锋的品格是高尚的,为别人树立了榜样,他的劳动态度和精神面貌就能对社会产生积极的影响,这实际上已经向社会提供了精神价值尤其是道德价值。

3. 人生的自我价值和社会价值的关系。首先,人生的自我价值和社会价值,既相互区别,又密切联系,共同构成人生价值的矛盾统一体。其次,人生自我价值的实现是个体为社会创造更大价值的前提。人的各种需要的满足都离不开个体的努力和奋斗,人为实现自我价值而努力和奋斗的过程,一般也是其创造社会价值的过程。个体的人生活动不仅仅具有满足自我需要的价值属性,还必然包含着满足社会需要的价值属性。再次,人生的社会价值是实现人生的自我价值的基础。人是社会中的人,人进行的自我价值活动从来都不是孤立的个人活动。一般情况下,一个人所追求的社会价值目标越高,为他人和社会创造的财富越多,他所能实现的自我价值就越高。

(二)正确评价人生价值

比较客观、公正、准确地评价人生价值,需要掌握恰当的评价方法。首先,坚持能力有大小和贡献须尽力相统一。任何人,只要在自己的岗位上尽职尽责,兢兢业业,就应该对其人生价值给予积极肯定的评价。其次,坚持物质贡献与精神贡献相统一。既要看一个人对社会做出的物质贡献,也要看其对社会做出的精神贡献,同时还要充分肯定从事物质生产劳动的人同样可以对社会做出巨大的精神贡献。最后,坚持完善自身和贡献社会相统一。社会是人类创造并由其个体组成的,人的自我完善和全面发展、人生自我价值的实现将使个人为社会创造更大价值。

人生价值评价的根本标准,是看一个人的人生活动是否符合社会发展的客观规律,是否通过劳动为社会和他人做出了贡献。

1. 人生价值是人生社会价值和人生自我价值的统一。人是社会的人,人生具有社会历史性和客观实践性,人的社会价值就表现为个人行为同他人、社会群体需要之间的一种肯定关系,标志着作为客体的人对作为主体的他人或人类社会的有用性。

2. 人生价值是人生物质价值和人生精神价值的统一。作为人生价值的主体,无论是"社会"还是"自我",都具有物质和精神两个方面的需要。

(三)人生价值的实现条件

人们根据自己的价值标准选择人生目的,在实践中努力实现自己的人生价值。但是人们的实践活动从来都不是随心所欲的,任何人都只能在一定的主客观条件下,运用恰当的方法去实现自己的人生价值。因此,正确把握人生价值实现的条件和方法至关重要。

1. 实现人生价值要从社会客观条件出发。人生价值是在社会实践中实现的,人的创造力的形成、发展和发挥都要依赖于一定的社会客观条件。改革开放以来,我国经济社会发展取得的巨大成就,中国特色社会主义制度的自我完善和发展,为人们实现人生价值提供了有利条件和机遇。大学生要珍惜难得的历史机遇,把自己的人生追求建立在正确把握当今中国社会发展实际的基础上,实现人生价值。

2. 实现人生价值要从个体自身条件出发。大学生正处在自己一生中最美好的时期，长身体、长知识、长才干，风华正茂，每天都有新收获，每天都有新期待。大学生要针对自己成长成才过程的实际，注重完善知识结构、丰富社会实践，坚持实事求是的原则，努力客观认识自己，准确把握影响人生价值实现的自身条件。

3. 不断增强实现人生价值的能力和本领。人在实现人生价值的过程中不可避免地要受到客观条件的限制，但这并不是说，人的主观努力就不起作用。事实上，个人的主观努力，在相当大的程度上也决定着人生价值实现的程度。学生可塑性强，可以通过各种方式和途径，全面提高自身的综合素质和能力，努力创造实现人生价值的良好条件。

（四）科学对待人生环境

所谓的人生环境，就是人们的社会实践活动所赖以展开的各种关系的总和。科学对待人生环境，主要就是促进自我身心的和谐、个人与他人的和谐、个人与社会的和谐、人与自然的和谐等。

1. 促进自我身心的和谐。每个人都有身、心两个基本方面。一般说来，身是心的物质基础，心为身的精神机能，两者相互作用，作为有机统一体对人的生活实践产生重要影响。一个健康的人，不仅要有健康的生理，还要有良好的心理，所谓身体健康，协调好身心关系以及身心与外部环境的关系以保证人自身系统的健康和活力，是保持身心健康的关键环节。

2. 树立正确的世界观、人生观、价值观。正确的世界观、人生观、价值观，能够使大学生正确认识社会发展规律，认识国家的前途命运，认识自己的社会责任，从而为大学生的人生提供向导，也为其心理活动提供定位系统，为培养良好的心理素质奠定基础。同时，正确的世界观、人生观、价值观也直接为大学生提供思想和行为的指导，能够使大学生在困难的时候看到希望，在逆境中找到办法，化阻力为动力。因此，正确的世界观、人生观、价值观有助于大学生坚定自信心，并产生悦纳自我的情感体验，在积极进取中磨砺自己的意志品质，获得承受挫折和适应环境的能力，从而提高心理素质，保持心理健康。

3. 掌握应对心理问题的方法和知识。遇到困难和问题，就要敢于正视，这就需要学会客观地认识问题、分析问题、掌握科学的思维方法，从而正确地解决问题。当面对众多困难和挫折时，要分清轻重缓急，先后主次，抓住主要矛盾及矛盾的主要方面，各个击破，消除焦虑彷徨情绪，增强对自己的信心，增强对前途的期望与希望。

4. 积极参加集体活动，增进人际交往。集体活动锻炼大学生的组织能力、表达能力、创造能力和交际能力，大学生可以通过集体活动增进学生之间的互相了解和理解，并在此基础上增进友谊。健康的人际关系也可以使同学们获得一个社会支持系统，当遇到个人一时解决不了的心理问题时，就可以及时向他们求助。

5. 促进个人与他人的和谐。每个人在社会生活中都要与他人打交道，与他人形成各种各样的关系。促进个人与他人的和谐应坚持平等原则、诚信原则、宽容原则、互助原则。正确认识和处理竞争与合作的关系。正确认识竞争，正确认识合作，正确处理竞争与合作的关系。

6. 促进个人和社会的和谐。人生的内容是由复杂多样的社会关系和社会活动构成的。个人和社会不可分离，社会是个人生存和发展的基础，个人是构成社会的前提。正确认识个人需要与社会需要的统一关系，正确认识个人利益与社会利益的统一关系，正确认识享受个人权利与承担社会责任的统一关系。

7. 促进人与自然的和谐。正确认识人与自然的依存关系，科学地把握人对自然的改造活动，自觉珍爱环境，保护生态。

第三节　创造有意义的人生

教学视频1-3

美好的人生目标要靠社会实践才能转化为现实。大学生要在科学高尚的人生观指引下，正确对待人生矛盾，自觉抵制错误观念，努力提升人生境界，成就出彩人生。

一、辩证对待人生矛盾

大学生要科学认识实际生活中的各种问题，勇敢面对和正确处理各种人生矛盾。

（一）树立正确的得失观

大学生要以积极进取的态度去面对生活中的成败得失，使一时的成败得失成为人生的财富而不是人生的包袱。

首先，不要拘泥于个人利益的得失。个人利益的得失只能部分地衡量人生价值的大小，在奉献社会中才能实现更大的人生价值。只有追求高尚的道义，跳出对狭隘利益的计较，才能赢得他人和社会的尊重。

其次，不要满足于一时的得。一个人如果总是满足于一时的得，往往会停步在小小的成功和已有的成绩之上，放弃接下来的努力，以致造成最后的失败。

最后，在失意之际坚持不懈，在坎坷之时不断努力，这样的人生才能更有意义。

（二）树立正确的顺逆观

顺境和逆境是人生历程中两种不同的境遇。在人生旅途中没有永远的顺境，也没有永远的逆境。因此，无论是顺境还是逆境，对人生的作用都是双重的，关键是怎样去认识和对待它们。只有善于利用顺境，勇于正视逆境和战胜逆境，人生价值才能够实现。

（三）树立正确的苦乐观

苦与乐既对立又统一，又在一定条件下可以相互转化。大学生在成长过程中，要准确把握苦与乐的辩证关系，努力做迎难而上、艰苦奋斗的开拓者。

（四）树立正确的幸福观

幸福是一个总体性范畴，它意味着人总体上生活得美好。家庭和睦、职业成功、行为正当、人格完善等都是幸福的重要因素。幸福总是相对的，不是尽善尽美的，不同的人有不同的幸福标准。奋斗者是精神最为富足的人，也是最懂得幸福、最享受幸福的人。只有在为社会做贡献、为他人服务的过程中，我们才能获得幸福所需要的环境和条件，产生更大的幸福感，实现个人幸福与社会进步的相互促进。

(五)树立正确的生死观

生命的历程是一个从生到死的过程,有生必有死,这是恒常不变的自然现象。生与死是贯穿人生始终的一对基本矛盾。从一定意义上说,正是因为生命短促,每个人只有一次生命,才更显示了人生的弥足珍贵。如何认识、对待生与死,体现了一个人人生境界的高低,更直接影响着他的实际生活。大学生要牢固树立生命可贵的意识,倍加爱护自己和他人的生命,理性面对生老病死的自然规律,努力使自己的生命绽放人生应有的光彩。

(六)树立正确的荣辱观

荣辱观是人们对荣辱问题的根本看法和态度,是一定社会思想道德原则和规范的体现和表达。中国古人向来注重荣与辱,并通过“知耻”来进行道德评价和判断。大学生只有具备正确的荣辱观,明确坚持以热爱祖国为荣、以危害祖国为耻,以服务人民为荣、以背离人民为耻,以崇尚科学为荣、以愚昧无知为耻,以辛勤劳动为荣、以好逸恶劳为耻,以团结互助为荣、以损人利己为耻,以诚实守信为荣、以见利忘义为耻,以遵纪守法为荣、以违法乱纪为耻,以艰苦奋斗为荣、以骄奢淫逸为耻,才会在纷繁复杂的社会生活中明确应当坚持和提倡什么,反对和抵制什么,从而为自身判断行为得失,做出道德选择,确定价值取向,提供基本的价值准则和行为规范。

二、反对错误人生观

大学生要学会思考、善于分析、正确抉择,认清这些错误思想观念的实质,警惕和自觉抵制它们的侵蚀。在社会现实中还存在拜金主义、享乐主义和极端个人主义等种种错误观念和看法。这些错误人生观容易侵蚀大学生的心灵,不利于大学生树立科学高尚的人生观、价值观。

(一)享乐主义

享乐主义是一种把享乐作为人生目的,主张人生就在于满足感官的需求与快乐的思想观念。一些大学生用父母辛苦劳作挣来的血汗钱追逐名牌和奢侈品,比阔气、讲排场,在消费上超出自己的承受能力,有的甚至因此负债累累。这些错误的观念和行为,不仅危害大学生的健康成长,而且败坏社会风气。把享乐尤其是感官的享乐变成人生的唯一目的,作为一种“主义”去诠释人生的根本意义,是对人的需要的一种错误理解。

(二)拜金主义

拜金主义是引发自私自利、钱权交易、行贿受贿、贪赃枉法等丑恶现象的重要思想根源。人与人之间除了赤裸裸的利害关系、冷酷无情的金钱交易,再没有其他的关系,人的尊严和情感被淹没在金钱的铜臭之中。金钱作为物质财富,为人所创造并为人服务。人应当是金钱的主人,而不是金钱的奴隶;应当依靠自己的劳动创造财富,合理合法获取金钱。同时,金钱不是万能的,生活中还有许多远比金钱更有意义的东西值得我们去追寻。

(三)极端个人主义

个人主义是以个人利益为出发点和归宿的一种思想体系和道德原则,它主张个人本身就是目的,具有最高价值,社会和他人只是达到个人目的的手段。个人主义是生产资料私有制的产物,是资产阶级人生观的核心。极端个人主义是个人主义的一种表现形式,它突出强调以个人为中心,在个人与他人、个人与社会的关系上表现为极端利己主义和狭隘功利主义。同学们应旗帜鲜明地予以反对。

以上错误的人生观,忽视或否认社会性是人的存在和活动的本质属性,对人的需要的理解极端、狭隘和片面,其出发点和落脚点都是一己之私利。大学生应当顺应时代潮流,在科学理论的指导下,认清和抵制错误思想和腐朽观念,选择并追求高尚的人生目的,在服务人民、奉献社会的人生实践中完善自我、创造人生的美好价值。

三、成就出彩人生

教学素材1-3

当代大学生担当新时代赋予的历史责任,应当与历史同向、与祖国同行、与人民同在,在服务人民、奉献社会的实践中创造有意义的人生。

(一)与人民同在

大学生要在为人民群众服务、实现人民群众利益的过程中实现人生价值。做中国最广大人民根本利益的维护者，才能使自己的人生大有作为。

（二）与祖国同行

青年只有自觉将人生目标同国家和民族的前途命运紧紧联系在一起，才能最大限度地实现人生价值。当代大学生要正确认识国家和民族赋予的历史责任和使命，自觉与国家和民族共奋进、同发展。

（三）与历史同向

当代大学生要正确认识世界和中国发展大势，尊重和顺应历史的选择和人民的选择，准确把握中国发展的重要战略机遇期，提升民族自信心，增强时代责任感，与历史同步伐，与时代共命运。

人生之所以有价值，是因为人能够自觉地、有意识地认识和改造客观世界与主观世界，创造物质财富和精神财富。时代的责任赋予青年，时代的光荣属于青年。大学生要坚持理论联系实际，积极投身社会实践，在同人民群众的密切联系中锤炼作风，在实践中发现新知、运用真知，在解决实际问题的过程中增长才干，不断提高实践能力、创新能力，实现最大的人生价值，创造无悔的青春，成就出彩的人生。

同步训练　　考研真题　　章节资料

第二章　坚定理想信念

PPT

大学生坚定科学信仰，追求远大理想，在为实现中国特色社会主义共同理想而奋斗的过程中实现个人理想，是自身成长成才的现实需要，也是国家和人民的殷切期盼。坚定的科学理想信念，既是指引人们穿越迷雾、辨识航向的灯塔，也是激励人们乘风破浪、搏击沧海的风帆。

第一节　理想信念的内涵及重要性

教学视频2-1

理想信念是人的精神世界的核心，是人精神上的“钙”。没有理想信念，理想信念不坚定，精神上就会“缺钙”，就会得“软骨病”。一个人精神上

“缺钙”,就容易精神空虚甚至陷入精神荒漠,既不可能感受精神生活的丰满充实,更不可能承担时代所赋予的历史重任。追求远大理想、坚定崇高信念,是大学生健康成长、成就事业、开创未来的精神支柱和前进动力。

一、什么是理想信念

作为一种精神现象,理想是人们在实践中形成的、有实现可能性的、对外来社会和自身发展目标的向往与追求,是人们的世界观、人生观和价值观在奋斗目标上的集中体现。人既需要物质资料来满足生存需要,也需要理想信念来充实精神生活。正确坚定的理想信念,激励人们为一定的社会理想和生活目标而不断努力追求。

理想带有时代的烙印,理想源于现实,又超越现实。

(一)理想的内涵与特征

理想作为一种精神现象,理想是人们从实践中形成的,有实现可能性,对未来社会和自身发展目标的向往与追求,是人们的世界观、人生观和价值观在奋斗目标上的集中体现。理想是人们在实践中形成的、具有实现可能性的对未来的向往和追求,是人们的世界观、人生观和价值观在奋斗目标上的集中体现。

1. 理想具有超越性。理想源于现实,又超越现实。理想在现实中产生,但它不是对现状的简单描绘,而是与奋斗目标相联系的未来的现实,是人们的要求和期望的集中表达。理想因其远大而能够成为一种推动人们创造美好生活的巨大力量。

2. 理想具有实践性。作为一定的社会实践的产物,理想是处在特定历史条件下的人们对社会实践活动理性认识的结晶。理想在实践中产生,在实践中发展,而且也只有在实践中才能得以实现。

3. 理想具有时代性。理想受时代条件的制约,而且随时代的发展而发展。随着对自然界和人类社会发展规律认识的逐步深化,人们也会不断地调整、丰富和发展自己的理想。在阶级社会中,还必然带有特定阶级的烙印。生产力发展水平不同,社会性质和人们所处的经济政治文化地位不同,所处的阶级关系与阶级地位不同,对社会发展规律认识和把握的深度与广度不同,所形成的理想也必然不同。

理想之所以能够成为一种推动人们创造美好生活的巨大力量,就在于它不仅具有现实性,而且具有预见性。一方面,理想是人们一定社会实践的产物,同时它又超越了今天的实践;另一方面,理想必须通过人们的实践活动才能实现,同时它又指明了进一步实践的方向。实践产生理想,理想指引实践,理想与实践的相互作用推动着人们立足现实、着眼未来,在奋斗中追求,在追求中奋斗。

(二)信念的内涵与特征

信念是人们在一定的认识基础上确立的对某种思想或事物坚信不疑并身体力行的态度。信念是人的认识、情感、意志的统一体或“合金”。信念同理想一样,也是人类特有的一种精神现象。信念是认知、情感和意志的有机统一体,是人们在一定的认识基础上确立的对某种思想或事物坚信不疑并身体力行的心理态度和精神状态。信念是人们追求理想目标的强大动力,会使人们坚贞不渝、百折不挠地追求自己的理想。

1. 信念具有执着性。信念因其执着而为信念。信念一旦形成,就不会轻易改变。当一个人抱有坚定的信念时,他就会全身心投入到为实现目标而努力奋斗的事业中去,精神上高度集中,态度上充满热情,行为上坚定不移。坚定的信念使得人们具有强大的精神定力,不为利益所动,不为诱惑所扰,不为困难所惧。

2. 信念具有多样性。信仰是最高层次的信念,具有最大的统摄力。信仰有盲目和科学之分。盲目的信仰就是对虚幻的世界、不切实际的观念、荒谬的理论等的迷信和狂热崇拜,科学的信仰则来自人们对自然界和人类社会发展规律的正确认识。

理想和信念总是如影随形、相互依存,是密切联系的,它们是同一种人类精神现象即信仰现象的两个侧面。任何信仰都包含着信念和理想两个基本方面,它们分别是这一信仰的基本信条和这些信条在奋斗目标上的具体体现。人类生活在世界上,对于自身所处的世界,对于自身的生存和发展,总是有所把握和相信、有所期望和追求的,这其实就是人类的信仰现象。其中,人们对世界和自身及其关系的把握和相信,就是信念,而他们对自身未来发展的设想和想象,就是理想。理想与信念是联系在一起的。追求一种理想,就意味着相信这种理想是正义的并且能够实现,而这种相信本身就是一种信念。

(三)理想信念的基本类型

根据人的社会生活的领域将理想信念大体划分为以下四个类型:

1. 生活领域的理想信念。这个领域的内容主要是在人们的物质生活方面。渴望丰裕的物质生活，是几千年来人们的梦想。特别是基层劳动群众，历史上长期过着吃不饱穿不暖的日子，因而很多人把温饱生活看做自己的理想。随着社会的进步，特别是生产力的发展，人们对日常生活不同方面的要求也越来越高。人们不仅追求丰裕的物质生活，而且追求丰富多彩的文化生活。

2. 职业领域的理想信念。职业生涯是人们的社会生活中非常重要的方面。在这个领域中，人们也都有着自己对于职业的理想和信念。它包括两个方面：一是人们希望自己能选择一种理想的职业，找到一个理想的工作；二是希望自己在工作和职业活动中达到理想的境界，取得理想的成绩。在职业日益分化、就业岗位日益多样化和变动不居的现代社会中，重要的不在于一生中只选取某一种最理想的工作，而在于不论从事什么样的工作，都要当做一种事业来追求，并努力争取达到理想的境界。并非只有热门职业才有资格成为人们的职业理想，多样化的平凡工作岗位也可以成为人们的理想、信念的寄托。

3. 道德领域的理想信念。道德是人们社会生活的重要方面，也是理想信念发挥作用的重要领域。道德与信念密切相关，它是靠内在信念和社会舆论来维系的，人的良心就是一种道德信念的形式。在道德生活中也有理想追求，这就是人的道德理想或人格理想。道德理想是人们在做人方面所向往和追求的目标。追求高尚的理想人格，使自己富有人格魅力，成为一个为社会所需要、为他人所喜欢的人，既是事业成功的关键，又是生活幸福的根本。

4. 社会领域的理想信念。它是人们在社会公共生活方面坚持的基本理念和对于理想的社会制度的向往和追求。社会公共生活领域，特别是社会的政治生活，也是人们不能回避的重要领域。尽管不是每一个人都从事政治活动，但每一个人都不可能完全与政治生活没有任何关系。每个公民都应该关心社会、关心政治，而这其实也就是关心自己。生活理想、职业理想和道德理想主要是个人理想，是微观的，而社会理想则是宏观的。作为一个社会主义国家的大学生，不仅应该有美好的个人理想，而且也要自觉地确立起正确的社会理想。

二、理想信念是精神之“钙”

教学素材2-1

人生应该具有崇高的理想和坚定的信念，这是国家和社会对个人的要求，也是个人本身的需要。理想信念对于人生至关重要，它在人生实践中起着不可替代的作用。

人的理想信念，反映的是对社会和人自身发展的期望。因此，有什么样的理想信念，就意味着以什么样的期望和方式去改造自然和社会，塑造和成就自身。只有树立起崇高的理想信念，才能够解答好人生的意义、奋斗的价值以及做什么样的人等重要的人生课题。

1. 理想信念昭示奋斗目标。人生是一个在实践中奋斗的过程。要使生命富有意义，就必须在科学的理想信念指引下，沿着正确的人生道路前进。理想信念是人的思想和行为的定向器，一旦确立就可以使人方向明确、精神振奋，即使前进的道路曲折、人生的境遇复杂，也能使人看到未来的希望和曙光，永不迷失前进的方向。只有理想信念坚定的人，才能始终不渝、百折不挠，不论风吹雨打，不怕千难万险，坚定不移为实现既定目标而奋斗。

2. 理想信念提供前进动力。一个人有了崇高坚定的理想信念，才会以惊人的毅力和不懈的努力成就事业。大学生人生目标的确立、生活态度的形成、知识才能的丰富、发展方向的设定、工作岗位的选择，都离不开理想信念的指引和激励。大学生应当重视理想信念的选择和确立，努力树立科学崇高的理想信念。

3. 理想信念提高精神境界。理想信念是衡量一个人精神境界高下的重要标尺。理想信念作为人的精神世界的核心，在追求理想和实现理想的过程中，人们要不断面对各种挑战、抵御各种诱惑、突破各种局限、克服各种困难。这个过程是人的精神世界从狭隘走向高远、从空虚走向充实、从犹疑走向执着的过程，也是一个人沿着自我成长和完善的阶梯不断攀登、逐步提升精神境界的过程。

大学时期确立的理想信念，对今后的人生之路将产生重大影响，甚至会影响终身。

（一）理想信念是人生的精神向导

理想信念是人生的定向机制，为人生指明奋斗的方向。一个人如果没有目标和方向，不仅可能一事无成，而且也可能使人生陷入迷途，进而导致对人生的意义产生疑问。德国哲学家费尔巴哈说过，一个人有了目标就是有了一个牢固的根据和基础，最大的不幸就是漫无目的。而解决人生目的和奋斗目标的问题，最根本的是要靠理想信念。理想信念的一个主要的作用，就是能够向人生提供目的和意义，向人生指明追求的目标和前进的方向。它一旦确立，就可以使人精神振奋，在复杂的人生境遇中透过迷雾看到曙光，永不迷失前进的方向。

（二）理想信念是人生的精神动力

人生的前行需要有强大的动力。虽然推动人生自觉活动的力量可能来自外部或内部许多方面，但其中最根本最持久的是来自人生的理想和信念，这是人生内部恒久的动力系统。理想信念能给人生一种推进的力量，为人生实践提供动力和毅力，是人生的力量源泉。一个人有了自觉的理想和信念，就会立场坚定，方向明确，意志坚强，热情高涨，精力旺盛。

（三）理想信念是人生的精神支柱

理想信念的支撑作用往往是在困难的时候、在严酷的考验中得到体现的。在现实人生中，当人们遇到特殊困难或重大打击，有时甚至陷入绝望境地的时候，如果没有一种力量来支撑着自己，人就会垮下来。而理想信念正是在这样的地方和时候起着精神支柱的作用，支撑着人们的精神和意志，不为巨大的困难所压倒，而且使人在困难和逆境中振作起来，战胜艰难险阻。

大学生都要把个人的奋斗志向同国家和民族的前途命运紧紧联系在一起，把个人的学习进步同祖国的繁荣昌盛紧紧联系在一起，使理想信念之花结出丰硕的成长成才之果。大学生只有树立崇高的理想信念，才能激发起为民族复兴和人民幸福而发奋学习的强烈责任感与使命感，掌握建设祖国、服务人民的本领。

第二节　崇高的理想信念

教学视频2-2

加强思想修养、提高精神境界，必须牢牢把握理想信念这个核心。要实现国家的繁荣富强、民族的伟大复兴、人民的美好生活，离不开崇高理想信念的有力支撑。新时代大学生应当确立马克思主义的科学信仰，树立共产主义的远大理想和中国特色社会主义共同理想。

人在社会生活中，总要承担各种各样的任务和责任。其中，人民承担的重大历史任务和责任就是历史使命。大学生是我国社会主义事业的建设者和接班人，承担的是坚持和发展中国特色社会主义、实现中华民族伟大复兴的中国梦的历史使命。

当今世界正在发生深刻复杂的变化，世界多极化，经济全球化深入发展，文化多样化、社会信息化持续推进，综合国力竞争和各种力量较量更趋激烈。大学生是国家未来发展的中坚力量，应当坚定科学的理想信念，以高度的历史责任感发奋学习、刻苦钻研、努力成才，做一个有理想、有抱负的人，在为国家发展和民族振兴的不懈奋斗中，创造无愧于时代的业绩。

一、为什么要信仰马克思主义

马克思主义是我国立党立国的根本指导思想，马克思主义是科学的世界观，是关于无产阶级和人类解放的思想体系，要求按照世界的本来面目来认识世界，遵循世界的客观规律来改造世界。马克思主义作为我们立党立国的根本指导思想，是近代以来中国历史发展的必然结果，是中国人民长期探索的历史选择，也是由马克思主义严密的科学体系、鲜明的阶级立场和巨大的实践指导作用决定的。马克思主义是科学性和革命性的统一，是一个科学的理想信念。

（一）马克思主义的特点

1. 现实性。具有现实性的理想信念是在现实世界中，在社会中寻找价值。它与一切有神论到现实世界之外的天国去寻找最高价值的信仰有着根本的区别。马克思主义认为，只有一个物质的世界，除了人间社会之外并不存在什么神灵的世界或天堂地狱，因而主张在这个唯一的现实世界中追求有意义的人生，而不是离开社会、离开世界去追求想象中的天堂幻景。虽然现实世界总是存在着这样那样的缺陷，但只有进行现实的斗争才能最终克服这些现象，人不应该也不能够逃避到另一个世界中去。马克思主义所讲的共产主义远大理想是人类现实社会之中的一个未来目标。

2. 科学性。马克思主义理想信念是以科学为基础的，与科学的发展相一致的。马克思主义作为科学是不断发展的，它并没有结束真理，而是在实践中不断地开辟认识真理的道路。我们对马克思主义的信仰不应是盲目的，而是要用科学的态度和求实的精神来对待马克思主义，并在实践中推进和发展马克思主义。

3. 崇高性。马克思主义理想信念的精神境界和救世胸怀则崇高、博大得多。它追求的不是单个人的解脱，而是所有人的解放即人类解放。

（二）马克思主义体现了科学性和革命性的统一

马克思主义深刻揭示了自然界、人类社会、人类思维发展的普遍规律，为人类社会发展进步指明了方向；马克思主义坚持实现人民解放、维护人民利益的立场，以实现人的自由而全面的发展和全人类解放为己任，反映了人类对理想社会的美好憧憬；马克思主义揭示了事物的本质、内在联系及发展规律，是“伟大的认识工具”，是人们观察世界、分析问题的有力思想武器。

（三）马克思主义具有鲜明的实践品格

马克思主义不仅致力于科学地解释世界，而且致力于积极地改变世界。马克思主义的实践性表现在：马克思主义以社会实践为基础，并随着实践的发展而发展；马克思主义以改造世界为目的，强调理论要能够指导实践；理论和实践相统一是马克思主义的一项基本原则。

(四)马克思主义具有持久生命力

马克思主义作为一个开放的理论体系,吸收、提炼了人类创造的一切科学知识和文明成果,并将其运用于推动社会历史的进步。马克思主义进入中国,既引发了中华文明的深刻变革,也走过了一个逐步中国化的过程。在革命、建设、改革各个历史时期,中国共产党坚持马克思主义基本原理同中国具体实际相结合,运用马克思主义立场、观点、方法研究解决各种重大理论和实践问题,不断推进马克思主义中国化、时代化、大众化,指导党和人民取得了新民主主义革命、社会主义革命和社会主义建设、改革开放的伟大成就。

马克思主义是共产党人的政治灵魂,是共产党人经受住任何考验的精神支柱。大学生坚定马克思主义信仰,最重要的是学习和掌握马克思主义的立场、观点、方法,确立正确的世界观和历史观,准确把握时代发展潮流,以科学的理想信念指引人生前进的道路和方向。

二、中国特色社会主义共同理想

建设中国特色的社会主义是我们共同的理想信念,它的基本内容就是:在中国共产党的领导下,走中国特色社会主义建设道路,实现中华民族伟大复兴的“中国梦”。它集中了我国工人、农民、知识分子和其他劳动者、建设者和爱国者的利益和愿望,是保证全体人民在政治上、道义上和精神上团结一致,克服任何困难,争取胜利的强大精神武器。

(一)坚定实现中华民族伟大复兴的信心

中国特色社会主义是科学社会主义,只有社会主义才能救中国,只有中国特色社会主义才能发展中国。中国特色社会主义是改革开放以来党的全部理论和实践的主题,是党和人民历尽千辛万苦、付出巨大代价取得的根本成就。

(二)坚定走中国特色社会主义道路的信念

中国特色社会主义不是从天上掉下来的,而是中国共产党带领人民历经千辛万苦找到的实现中国梦的正确道路。在中国共产党领导下,立足基本国情,以经济建设为中心,坚持四项基本原则,坚持改革开放,解放和发展社会生产力,建设社会主义市场经济、社会主义民主政治、社会主义先进文化、社会主义和谐社会、社会主义生态文明,促进人的全面发展,逐步实现全体人民共同富裕，建设富强民主文明和谐美丽的社会主义现代化强国。

（三）坚定对党的领导的信任

中国共产党的领导是中国特色社会主义最本质的特征。中国共产党是中国工人阶级的先锋队，同时是中国人民和中华民族的先锋队，是中国特色社会主义事业的领导核心。实践证明，没有中国共产党就没有新中国，就没有中国特色社会主义。推进社会主义现代化，实现中华民族伟大复兴，必须毫不动摇地坚持中国共产党的领导。当今中国，只有中国共产党，才能领导中国人民坚持和发展中国特色社会主义，才能担当起带领中国人民创造幸福生活、实现中华民族伟大复兴的历史使命。

中国特色社会主义道路是实现途径，中国特色社会主义理论体系是行动指南，中国特色社会主义制度是根本保障，三者统一于中国特色社会主义伟大实践。同学们要坚定中国特色社会主义理想信念，不断增强道路自信、理论自信、制度自信，成为党和人民需要的有用之才。

三、胸怀共产主义远大理想

教学素材2-2

中国共产党从成立之日起，就确立了共产主义的远大理想，始终团结带领中国人民朝着这个伟大理想前行。

（一）共产主义是人类最美好的社会制度

共产党人的最高理想就是在全世界实现共产主义的社会制度。共产主义社会是物质财富极大丰富，人民精神境界极大提高，每个人自由而全面发展的社会。在共产主义社会，劳动不再仅仅是谋生的手段，而成为生活的第一需要。由于旧式分工的消除，由于自由时间的大量增加，由于教育的高度发展和广泛普及等等，每个人都将得到自由而全面的发展。

(二)共产主义远大理想与中国特色社会主义共同理想的关系

中国特色社会主义共同理想与共产主义远大理想有着内在的联系。它们是阶段性理想与最终理想的关系。我们现阶段的奋斗纲领就是建设中国特色的社会主义,这是现阶段共产党人的理想,也是全国各族人民的共同理想。走好新时代的长征路,大学生要不断增强中国特色社会主义道路自信、理论自信、制度自信、文化自信,自觉做共产主义远大理想和中国特色社会主义共同理想的坚定信仰者、忠实实践者,为崇高理想信念而矢志奋斗。

第三节　在实现中国梦的实践中放飞青春梦想

教学视频2-3

理想不等于现实,理想的实现往往要通过一条并不平坦的曲折之路,有赖于脚踏实地、持之以恒的奋斗。理想信念是一个思想认识问题,更是一个实践问题。实践才是通往理想彼岸的桥梁。习近平总书记讲道:“广大青年要坚定理想信念,志存高远,脚踏实地,勇做时代的弄潮儿,在实现中国梦的生动实践中放飞青春梦想,在为人民利益的不懈奋斗中书写人生华章。”

一、理想与现实的关系

在追求理想的路上,青年大学生会感受到理想与现实之间的矛盾。容易对理想与现实的矛盾产生困惑,这就需要正确认识理想与现实的关系。

1. 理想和现实是一对矛盾,它们之间的关系既对立又统一。首先,两者的矛盾与冲突,属于“应然”和“实然”的矛盾。假如理想与现实完全等同,那么理想的存在就没有意义。理想与现实又是统一的。理想受现实的规定和制约,是在对现实认识的基础上发展起来的。

2. 理想来源于现实,是对现实的反映,但它不等于现实,而是现实的升华。理想的材料来源于现实,理想的可能性来源于现实,理想的动机也来源于现实。

3. 理想高于现实,是现实的升华,但它并不脱离现实,与现实是相互统一、必然联系的。

正确理解理想与现实的关系,辩证看待理想和现实的矛盾和实现理想的长期性、艰巨性和曲折性,这是关系着理想转化为现实的关键因素。

二、个人理想与社会理想的统一

每一个青年的前途都离不开国家的前途,没有国家的前途也就没有青年的前途。一个国家的希望寄托在年轻人身上。青年一代有理想、有担当,国家就有前途,民族就有希望,实现我们的发展目标就有源源不断的强大力量。青年人只有把个人理想和国家理想相统一才能在社会上大有作为。

个人理想是指处于一定历史条件和社会关系中的个体对于自己未来的物质生活、精神生活所产生的种种向往和追求。社会理想是指社会集体乃至社会全体成员的共同理想。个人理想融入社会理想中,在为实现社会理想而奋斗的过程中实现个人理想,这是大学生成长成才的必由之路。

(一)个人理想以社会理想为指引

个人理想的确立要以社会理想为引导,个人理想的实现依赖于社会理想的实现。个人理想只有同国家的前途、民族的命运相结合,个人的向往和追求只有同社会的需要和人民的利益相一致,才可能变为现实。

(二)社会理想是对个人理想的凝练和升华

社会理想归根到底要靠全体社会成员的共同努力来实现,并具体体现在每个社会成员为实现个人理想而进行的活生生的实践中。当社会理想同个人理想有矛盾冲突的时候,有志气、有抱负的人可以作出最大的自我牺牲,使个人的理想服从于全社会的共同理想。

个人理想与社会理想的关系实质上是个人与社会的关系在理想层面的反映。个人与社会有机地联系在一起,两者相互依存、相互制约、共同发展。同样，社会理想与个人理想也不是彼此孤立的，它们之间相互联系、相互影响、相互制约。

大学生要在社会理想的指引下，珍惜韶华、奋发有为，勇于追求个人理想，在实现社会理想的过程中努力实现个人理想。大学生对自己未来生活的追求和向往，不能脱离当代中国的社会现实。个人只有把人生理想融入国家和民族的事业中，才能最终成就一番事业。

三、为实现中国梦注入青春能量

教学素材2-3

大学生肩负实现中华民族伟大复兴中国梦的历史重任，只有把实现理想的道路建立在脚踏实地的奋斗上，才能放飞青春梦想，实现人生理想。

（一）广大青年一定要坚定理想信念

理想指引人生方向，信念决定事业成败。没有理想信念，就会导致精神上"缺钙"。中国梦是全国各族人民的共同理想，也是青年一代应该牢固树立的远大理想。中国特色社会主义是我们党带领人民历经千辛万苦找到的实现中国梦的正确道路，也是广大青年应该牢固确立的人生信念。广大青年要坚持用邓小平理论、"三个代表"重要思想、科学发展观武装头脑，把理想信念建立在对科学理论的理性认同上，建立在对历史规律的正确认识上，建立在对基本国情的准确把握上，不断增强道路自信、理论自信、制度自信、文化自信，增强对坚持党的领导的信念，永远紧跟党高高举起中国特色社会主义伟大旗帜。

（二）广大青年一定要练就过硬本领

学习是成长进步的阶梯，实践是提高本领的途径。青年的素质和本领直接影响着实现中国梦的进程。青年人正处于学习的黄金时期，应该把学习作为首要任务，作为一种责任、一种精神追求、一种生活方式，树立梦想从学习开始、事业靠本领成就的观念，让勤奋学习成为青春远航的动力，让增长本领成为青春搏击的能量。

（三）广大青年一定要勇于创新创造

创新是民族进步的灵魂，是一个国家兴旺发达的不竭源泉，也是中华民族最深沉的民族禀赋。青年是社会上最富活力、最具创造性的群体，理应走在创新创造前列。广大青年要有敢为人先的锐气，勇于解放思想、与时俱进，敢于上下求索、开拓进取，树立在继承前人的基础上超越前人的雄心壮志。要有逢山开路、遇河架桥的意志，为了创新创造而百折不挠、勇往直前。要有探索真知、求真务实的态度，在立足本职的创新创造中不断积累经验、取得成果。

（四）广大青年一定要矢志艰苦奋斗

我们的国家，我们的民族，从积贫积弱一步一步走到今天的发展繁荣，靠的就是一代又一代人的顽强拼搏，靠的就是中华民族自强不息的奋斗精神。当前，我们既面临着重要发展机遇，也面临着前所未有的困难和挑战。梦在前方，路在脚下。自胜者强，自强者胜。实现我们的发展目标，需要广大青年锲而不舍、驰而不息的奋斗。

（五）广大青年一定要锤炼高尚品格

中国特色社会主义是物质文明和精神文明全面发展的社会主义。一个没有精神力量的民族难以自立自强，一项没有文化支撑的事业难以持续长久。青年是引风气之先的社会力量。一个民族的文明素养很大程度上体现在青年一代的道德水准和精神风貌上。

1. 立志当高远。青年时期就立志用自己的聪明才智报效祖国。树雄心、立壮志，是关系大学生一生前途命运的重大课题。

2. 立志做大事。新时代的大学生应该把个人的命运与国家和人民的命运联系在一起，立为国奉献之志，立为民服务之志，为祖国和人民的利益而奋斗，在为实现社会理想而奋斗的过程中实现个人理想。

3. 立志须躬行。漫长征途需要一步一步地走，崇高理想的实现需要一点一滴地奋斗。大学生要牢记“空谈误国、实干兴邦”，志存高远、脚踏实地、埋头苦干，充分展现自己的抱负和激情，用勤劳的双手成就属于自己的人生精彩。

中国梦让生活在这个时代的大学生与祖国人民一起共同享有人生出彩的机会,共同享有梦想成真的机会,共同享有同祖国和时代一起成长与进步的机会。青春只有在为祖国和人民的真诚奉献中才能更加绚丽多彩,人生只有融入国家和民族的伟大事业才能闪闪发光。只有进行了激情奋斗的青春,只有进行了顽强拼搏的青春,只有为人民做出了奉献的青春,才会留下充实、温暖、持久、无悔的青春回忆。

同步训练　　考研真题　　章节资料

第三章　弘扬中国精神

PPT

实现中华民族伟大复兴的中国梦，必须弘扬中国精神，中国精神是凝心聚力的兴国之魂、强国之魂。这就是以爱国主义为核心的民族精神和以改革创新为核心的时代精神。爱国主义始终是把中华民族坚强团结在一起的精神纽带，当代大学生担当着民族复兴的时代使命，要努力做忠诚的爱国者和走在时代前列的奋进者，用实际行动展现出中国精神的青春风采。

第一节　中国精神是兴国强国之魂

教学视频3-1

民族精神和时代精神是社会主义核心价值体系的精髓,两者有机结合构成了中国精神的基本内容。要走兴国路,实现中国梦,首要的任务就是弘扬中国精神。“人无精神则不立,国无精神则不强。精神是一个民族赖以长久生存的灵魂,唯有精神上达到一定的高度,这个民族才能在历史的洪流中屹立不倒、奋勇向前。”习近平总书记强调指出,实现中国梦必须弘扬中国精神。中国精神作为兴国强国之魂,是实现中华民族伟大复兴不可或缺的精神支撑和精神动力。

中国精神是实现民族复兴的精神引领。在实现民族独立、人民解放和国家富强、人民幸福的历史进程中,中华儿女始终高举中国精神的旗帜,结合时代和实际不断赋予新的生机和活力,在实现中国梦的路径上中国精神作为兴国强国之魂的价值和意义更为凸显。

中国精神是凝聚中国力量的精神纽带。在当代中国,必须用中国精神引领各族人民心往一处想,劲往一处使,为实现中华民族伟大复兴的中国梦努力奋斗。

中国精神是提升综合国力的重要保证。综合国力是一个国家赖以存在和发展的全部实力和综合体现。大力弘扬中国精神,提振全民族的精气神,鼓励广大人民积极投身到社会主义现代化建设中,是增强综合国力的内在要求,也是提升综合国力的重要思想保证和精神支持。

一、重精神是中华民族的优秀传统

重精神是反映在长期的历史进程和积淀中形成的民族意识、民族文化、民族习俗、民族性格、民族信仰、民族宗教、民族价值观念和价值追求等共同特质,是指民族传统文化中维系、协调、指导、推动民族生存和发展的精粹思想,是一个民族生命力、创造力和凝聚力的集中体现,是一个民族赖以生存、共同生活、共同发展的核心和灵魂。

1. 中华民族崇尚精神的优秀传统,首先表现在对物质生活与精神生活相互关系的独到理解上。中国古人在义利观上主张见利思义、以义制利、先义后利,在理欲观上主张导欲、节欲,强调用道德理性和精神品格对欲望进行引导和控制,时刻对私欲、贪欲保持警惕。

2. 中华民族崇尚精神的优秀传统,也表现在中国古人对理想的不懈追求上。理想是激励个体的精神内驱力,是凝聚社会整体的精神力量。矢志不渝地坚守理想,是中国古人崇尚精神的典型体现。

3. 中华民族崇尚精神的优秀传统,亦表现在对道德修养和道德教化的重视上。中国传统文化十分强调道德修养和道德教化,将“立德”置于“三不朽”(立德、立功、立言)之首,重视人的精神品格的养成。

4. 中华民族崇尚精神的优秀传统,还表现为对理想人格的推崇。中华文明传统思想中对人生境界的看法,对高尚人生境界的尊崇和追求,体现了在中国历史上的诸种理想人格上。虽时代不同,类型有别,但其共同点是关注人的精神品格。

中国共产党在革命、建设、改革各个历史时期,都强调要处理好物质和精神的关系,重视发挥人的精神的能动作用,是中华民族重精神优秀传统的忠实继承者和坚定弘扬者。在实现中华民族伟大复兴的征程中,必须继承中华民族创造的一切精神财富,不断增强团结一心的精神纽带、自强不息的精神动力,提振全民族的精气神,以朝气蓬勃的精神状态迈向中华民族的光明未来。

二、中国精神是民族精神和时代精神的统一

教学素材 3-1

民族精神和时代精神,是社会主义核心价值体系的精髓,两者的有机结合构成了中国精神的基本内容。民族精神是指一个民族在长期共同生活和社会实践中形成的,为本民族大多数成员所认同的价值取向、思维方式、道德规范、精神气质的总和。它集中体现了一个民族在一定的自然环境和社会历史条件下生产和发展的独特方式,反映了一个民族的心理特征、文化传统、精神风貌,是一个民族赖以生存和发展的精神支柱。时代精神是在新的历史条件下形成和发展的、体现民族特质并顺应时代潮流的思想观念、行为方式、价值取向、精神风貌和社会风尚的总和,是一种对社会发展具有积极影响和推动作用的集体意识。

时代精神与民族精神紧密相连,都是一个民族赖以生存发展的精神支撑。大力弘扬中国精神,培育中华民族共同的精神家园,既需要大力弘扬以爱国主义为核心的伟大民族精神,也需要大力弘扬以改革创新为核心的伟大时代精神。

（一）以爱国主义为核心的民族精神

以爱国主义为核心的民族精神和以改革创新为核心的时代精神，构成了中国精神的基本内容。

爱国主义是人们在历史上形成的热爱、忠诚和报效自己祖国的一种感情、思想和行为。它反映了个人对祖国的依存关系，是人们对自己故土家园、民族和文化的归属感、认同感、尊严感和荣誉感的统一。它是调节个人与祖国之间关系的道德要求、政治原则和法律规范，也是推动历史发展的强大精神力量，是鼓舞和凝聚一个民族的精神支柱。

民族精神是中华民族生命力、凝聚力、创造力的不竭源泉。爱国主义是民族精神的核心，既是中华民族最深厚的精神传统，也是动员和鼓舞中国人民团结奋斗、推动中国历史发展的巨大精神力量。

以爱国主义为核心的民族精神，是社会主义核心价值体系的重要内容，是社会主义核心价值体系的精髓，是凝聚人心、确保中华民族战胜一切艰难险阻，始终保持国家统一繁荣发展的强大精神力量。大力培育和弘扬以爱国主义为核心的民族精神，是坚持以社会主义核心价值体系引领社会思潮的重要任务，也是目前我们应对国际经济形势复杂变化、保持我国经济平稳较快发展的重要前提。中国人民在长期奋斗中培育、继承、发展起来的伟大民族精神，为中国发展和人类文明进步提供了强大精神动力。

爱国主义最基本的内容是对祖国的忠诚与热爱。爱国主义所忠诚、热爱的祖国，是国土、国民和国家组成的社会共同体，因此，爱国主义必然以爱故土山河、爱骨肉同胞、爱祖国的文化和爱自己的国家为基本内容。热爱故土山河是爱国主义的首要表现。为我们国土的富饶美丽而赞美、热爱它，是爱国的表现；不因为我们国土的某些不尽如人意而鄙视它、离弃它，而是关心它、建设它，同样是爱国的表现，甚至是更重要的爱国的表现。热爱骨肉同胞是爱国主义的集中表现。正是有了各族人民的世代努力，才在促进民族融合的过程中拓展了疆域，开发了资源，美化了山河，使我们脚下的这片土地成为美丽的家园。没有人民的祖国是不存在的，离开人民来谈爱国是毫无意义的。历史证明，所有爱国者都是热爱自己的人民的。我国古代尚有许多忧国忧民、为民请命的爱国者。当前以为人民服务为宗旨的社会主义爱国者，更应该培养起对人民群众的深厚感情，紧紧地和人民群众站在一起。

1. 伟大创造精神。中国人民始终辛勤劳作、发明创造，我国产生了许多闻名于世的伟大思想巨匠，出现了“四大发明”，创作了大量优秀的文艺作品，传承了震撼人心的伟大史诗，建设了气势恢宏的伟大工程。今天，中国人民的创造精神正在前所未有地迸发出来，推动我国日新月异向前发展，大踏步走在世界前列。只要13亿多中国人民始终发扬这种伟大创造精神，就一定能够创造出一个又一个人间奇迹。

2. 伟大奋斗精神。中国人民始终革故鼎新、自强不息，开发和建设了祖国辽阔秀丽的大好河山，开拓了波涛万顷的辽阔海疆，开垦了物产丰富的广袤粮田，治理了桀骜不驯的千百条大江大河，战胜了数不清的自然灾害，建设了星罗棋布的城镇乡村，发展了门类齐全的产业，形成了多姿多彩的生活。中国人民自古就明白，世界上没有坐享其成的好事，要幸福就要奋斗。13亿多中国人民始终发扬这种伟大奋斗精神，就一定能够达到创造人民更加美好生活的宏伟目标。

3. 伟大团结精神。中国人民始终团结一心、同舟共济，建立了统一的多民族国家，发展了56个民族多元一体、交织交融的融洽民族关系，形成了守望相助的中华民族大家庭。特别是近代以来，在外来侵略寇急祸重的严峻形势下，我国各族人民手挽着手、肩并着肩，英勇奋斗，浴血奋战，打败了一切穷凶极恶的侵略者，捍卫了民族独立和自由，共同书写了中华民族保卫祖国、抵御外侮的壮丽史诗。今天，中国取得的令世人瞩目的发展成就，更是全国各族人民同心同德、同心同向努力的结果。

4. 伟大梦想精神。在几千年历史长河中，中国人民始终心怀梦想、不懈追求，我们不仅形成了小康生活的理念，而且秉持天下为公的情怀，用于追求和实现梦想的执着精神。今天，中国人民比历史上任何时期都更接近、更有信心和能力实现中华民族伟大复兴。只要13亿多中国人民始终发扬这种伟大梦想精神，就一定能够实现中华民族伟大复兴。

中国人民培育、继承、发展起来的以爱国主义为核心的伟大民族精神，是坚定中国特色社会主义道路自信、理论自信、制度自信、文化自信的底气，是中华民族风雨无阻、高歌行进的根本力量。

（二）以改革创新为核心的时代精神

时代精神是在继承民族精神的基础上，在新的历史条件下形成和发展的，体现民族特质、顺应时代潮流的思想观念、行为方式、价值取向、精神风貌和社会风尚的总和。时代精神和民族精神紧密相连。时代精神是民族精神的时代性体现，民族精神是时代精神形成的重要基础和依托。

在任何时代条件下，发扬爱国主义优良传统都要把弘扬民族精神和弘扬时代精神有机统一起来。在这个时代，任何一个具有爱国情怀的人，都应该大力弘扬以改革创新为核心的时代精神，这也是中国精神的主要内容和重要组成部分。事实证明，改革创新是激励我们在时代发展中与时俱进的精神力量，是中国特色社会主义事业开拓进取的不竭动力。

时代精神反映社会进步的发展方向，引领时代的进步潮流，是社会的主旋律和时代的最强音。它是一个国家和民族在新的历史条件下形成和发展的，是体现民族特质并顺应时代潮流的思想观念、价值取向、精神风貌和社会风尚的总和，是一种对社会发展具有积极影响和推动作用的集体意识。中国人民在改革开放的伟大实践中体现出来的崭新精神风貌和高尚精神品格，是建设新时代中国特色社会主义、实现中国梦的强大精神动力。

改革创新精神是时代精神的核心，它既是对中华民族革故鼎新优良传统的继承弘扬，也是当代中国改革开放伟大实践中体现出来的精神品格和精神特征，是当代中国人民精神风貌的集中写照，是激发社会创造活力的强大力量。中国特色社会主义事业是一项前无古人的创造性事业，只有坚持弘扬以改革创新为核心的时代精神，才能使全体人民始终保持昂扬向上的精神状态，不断推进中国特色社会主义伟大事业。

（三）民族精神与时代精神的辩证统一

民族精神是以爱国主义为核心的，时代精神是改革创新为核心的。两者相辅相成，相互支撑，统一于中国特色社会主义的实践中。只有不断注入以改革创新为核心的时代精神，才能使民族精神博采众长，日益丰富。只有不断注入以爱国主义为核心的民族精神，才能使民族精神不移根基，不失本色。

民族精神与时代精神紧密关联，都是一个民族赖以生存和发展的精神支撑。民族精神和时代精神共同构成了我们当今时代的中国精神。民族精神和时代精神的交融汇通，使得中国精神既具有鲜明的民族性，又洋溢着强烈的时代性，成为中华民族共有的精神家园、奋力实现复兴的强大精神力量。民族精神赋予中国精神以民族特征，是中华民族的精神独立性得以保持的重要保证；时代精神赋予中国精神以时代内涵，是中国精神引领时代前行、拥有鲜明时代性和强大生命力的重要根源。

三、实现中国梦必须弘扬中国精神

中国精神是兴国强国之魂。实现中国梦，必须弘扬中国精神，以高扬的精神旗帜为指引，以强大的精神支柱为支撑，团结凝聚全体人民的智慧和力量，为实现中国梦而努力奋斗。凝聚中国力量的精神纽带。推进民族复兴的时代伟业，我们必须有万众一心、众志成城的强大精神凝聚力。人民群众是历史发展和社会进步的主体力量。

（一）弘扬中国精神

中国精神是中华民族生命机体中不可分割的重要组成部分，始终是鼓舞我们民族迎难而上、团结互助，战胜强敌与困难的不竭力量之源。

1. 凝聚中国力量的精神纽带。在当代中国，必须用中国精神引领各族人民心往一处想、劲往一处使，用人民的智慧和力量汇集起不可战胜的磅礴力量，为实现中华民族伟大复兴的中国梦而努力奋斗。坚持和发展中国特色社会主义、实现中华民族的伟大复兴，最根本的力量在于人民，最强大的力量在于团结凝聚起来的人民。

2. 实现民族复兴的精神引领。坚持和发展中国特色社会主义，需要我们正确认识当代世界和中国发展大势，正确认识中国特色和国际比较，坚定道路自信、理论自信、制度自信、文化自信。

3. 提升综合国力的重要保证。我们正在从事的中国特色社会主义事业是一项前无古人的创造性事业，中国精神作为兴国强国之魂的价值和意义更为凸显。纵观人类发展史，创新始终是一个国家、一个民族发展的重要力量，也始终是推动人类社会进步的重要力量。

大学生是民族的希望和祖国的未来，要努力弘扬以爱国主义为核心的民族精神和以改革创新为核心的时代精神，将中国精神转化为青春行动，勇做弘扬和践行中国精神的时代先锋，为国家富强、民族振兴、人民幸福贡献自己的智慧和力量。

（二）树立爱国思想

增进国家团结、统一和安全。爱国情感是一种感性的认识，爱国思想是一种理性认识。要成为一个忠诚坚定的爱国者，只有爱国情感是不够的，还必须在爱国情感的基础上，树立爱国思想，实现爱国觉悟的理性升华。

1. 促进民族团结。各民族团结友爱是中华民族的光荣传统，是社会主义民族关系的生动体现，是中华民族繁荣发展的重要保证。要加强学习，更好地了解和掌握民族理论政策、民族法规和民族基本知识，以牢固树立马克思主义民族观。要立足本职，以实际行动促进民族团结进步事业。要坚持原则、明辨是非，旗帜鲜明地与破坏民族团结的行为作斗争。

2. 维护祖国统一。祖国统一是国家繁荣富强的根本前提。一个强大的国家，必然是一个统一的国家。四分五裂，断难成为世界一流强国。维护祖国统一，既是中华民族的光荣，也是海内外中华儿女的共同心愿。新中国成立后，中国共产党人和中国人民为此付出了不懈努力。

3. 保障国家安全。国家安全事关国家安危和民族存亡，一般是指一个国家不受内部和外部威胁、破坏而保持稳定有序的状态。传统的国家安全观将国家安全理解为政治安全和国防安全，包括主权独立、领土完整、政治稳定等。我国必须坚持总体国家安全观，以人民安全为宗旨，以政治安全为根本，以经济安全为基础，以军事、文化、社会安全为保障，以促进国际安全为依托，走出一条中国特色国家安全道路。

（三）实践爱国行为

1. 刻苦学习科学文化知识，掌握建设祖国和保卫祖国的过硬本领。当代世界各国之间的竞争，实质上是科学技术的竞争，归根到底是人才的竞争。大学生要把自己的人生未来规划与祖国建设大业联系起来，树立为祖国富强而发奋学习的学习目的。

2. 端正思想，自觉维护祖国的安定、团结和统一。成为忠诚坚定的爱国者，不仅要立志攀登科学文化高峰，而且要始终保持清醒的头脑，使自己的知识能够真正为祖国和人民服务。

3. 躬行实践，在服务祖国和人民中实现自身价值。投身于发展中国特色社会主义的伟大实践，是当代大学生实现爱国之志，成长为真正爱国者的必由之路。学习科学文化和加强思想修养，只是为成长为忠诚坚定的爱国者奠定了扎实的基础。

第二节　爱国主义及其时代要求

教学视频3-2

实现中华民族伟大复兴的中国梦，是当代中国爱国主义的鲜明主题。青年大学生要继承中华民族爱国主义光荣传统，自觉做新时代的忠诚爱国者。在中华民族5000多年绵延发展的历史长河中，爱国主义始终是激昂的主旋律，始终是激励我国各族人民自强不息的强大力量。

一、爱国主义的基本内涵

（一）爱国主义的含义

爱国主义是指个人或集体对祖国的一种积极和支持的态度，集中表现为民族自尊心和民族自信心，为保卫祖国和争取祖国的独立富强而献身的奋斗精神。爱国主义是人们在历史上形成的热爱、忠诚和报效自己祖国的一种感情、思想和行为。爱国主义体现了人民群众对自己祖国的深厚感情，它反映了个人对祖国的依存关系，是人们对自己故土家园、民族和文化的归属感、认同感、尊严感和荣誉感的统一。它是调节个人与祖国之间关系的道德要求、政治原则和法律规范，也是推动历史发展的强大精神力量，是鼓舞和凝聚一个民族的精神支柱。

1. 爱祖国的大好河山。祖国的河山在人们的心中占据着至高无上的地位。祖国的山山水水滋养哺育着她的子子孙孙。“禾苗离土即死，国家无土难存”，祖国的大好河山，不只是自然风光，还是主权、财富、民族发展和进步的基本载体。

2. 爱自己的骨肉同胞。对骨肉同胞的爱，反映的是对整个民族利益共同体的自觉认同。中华民族的利益是我国各族人民的共同利益、长远利益和最高利益，这种利益高于各个民族内部的、局部的、暂时的利益。爱自己的同胞就是爱人民群众。

3. 爱祖国的灿烂文化。文化是一个国家、一个民族的灵魂。文化传统常常被称为国家和民族的胎记，是一个国家民族得以延续的精神基因，是培养民族心理、民族个性、民族精神的摇篮，是民族凝聚力的重要基础。

4. 爱自己的国家。祖国的大好河山，自己的骨肉同胞，民族的灿烂文化，都是同我们的国家联系在一起的，我们每个人的发展也都时刻同国家的发展进步紧密关联。失去国家的庇佑和保护，人们将失去成长和发展最基本的屏障和最坚实的依托。

爱国主义是中华民族继往开来的精神支柱，是维护祖国统一和民族团结的纽带，是实现中华民族伟大复兴的动力，更是个人实现人生价值的力量源泉。新时期爱国主义的主题是建设和发展中国特色社会主义。主要表现在弘扬民族精神与时代精神，献身于建设和保卫社会主义现代化事业，献身于促进祖国统一的事业。新时期中华民族的爱国主义既承接了历史上爱国主义的优良传统又吸纳了鲜活的时代精神，新时期爱国主义的主题是建设和发展中国特色社会主义。

（二）爱国主义的时代价值

千百年来，鼓舞中华民族艰苦奋斗、继往开来的精神支柱，就是深深融入民族意识之中的爱国主义传统。全体中华儿女都应该为自己是中华民族的成员而感到无比自豪，承担起实现中华民族伟大复兴的历史责任，以自己的努力为中华民族发展史续写新的光辉篇章。

1. 维护祖国统一和民族团结的纽带。祖国统一和民族团结，始终代表了中国社会历史的发展方向，代表了中国各族人民的共同心愿。在中华民族的发展史上，爱国主义对于维护祖国统一和民族团结有着十分重要的作用。维护国家主权和领土完整，是国家的核心利益。维护国家统一是各族人民的共同企盼和福祉。

2. 实现中华民族伟大复兴的动力。辉煌灿烂的中华古代文化，曾经长期处于世界领先地位，为人类文明的发展做出了重要贡献。在中国共产党的领导下，中国人民以马克思主义为思想武器，经过了艰苦卓绝的长期奋斗，实现了民族独立和解放，建立了社会主义新中国，为中华民族的伟大复兴奠定了坚实的基础。

3. 实现人生价值的力量源泉。爱国主义体现了每一个中华儿女对祖国的责任。这个责任是社会发展的客观要求,也是每个人自身发展的客观需要。古往今来,彪炳中华民族史册的,无一不是忠实的爱国者。他们之所以能干出一番事业,使自己的人生有价值,有意义,根本原因在于对自己的祖国和人民有一颗滚烫的赤子之心。

二、新时代的爱国主义

新时代的爱国主义,既承接了历史上爱国主义的优良传统,又吸纳了鲜活的时代精神,内涵更加丰富。建设中国特色社会主义是新时期爱国主义的主题。在现阶段,爱国主义主要体现在弘扬民族精神与时代精神,献身于建设和保卫社会主义现代化事业,献身于促进祖国统一事业。弘扬新时代的爱国主义,必须团结全体社会主义劳动者、社会主义事业的建设者、拥护社会主义的爱国者、拥护祖国统一和致力于中华民族伟大复兴的爱国者,汇集起实现中国梦的磅礴力量。事实证明,改革创新是激励我们在时代发展中与时俱进的精神力量,是中国特色社会主义事业开拓进取的不竭动力。

(一)坚持爱国主义和社会主义相统一

在当代中国,爱国主义首先体现在对社会主义中国的热爱上。爱国主义与爱社会主义的统一是中国历史发展的必然结果。社会主义制度的建立为中国的繁荣发展提供了可靠的保障。社会主义在中国不是一句空洞的口号,而是集中代表着、体现着、实现着国家、民族和人民的根本利益。“没有共产党就没有新中国”,这是中国的历史和现实所昭示的真理。

爱国就要自觉地接受中国共产党的领导,就要自觉维护社会主义制度,坚决反对国家虚无主义,对公民进行国家意识教育特别是社会主义国家意识教育。

(二)维护祖国统一和民族团结

维护和推进祖国统一,是中华民族走向伟大复兴的题中之义。解决台湾问题、实现祖国完全统一,是不可阻挡的历史进程,也是全体中华儿女的共同心愿。和平统一最符合包括台湾同胞在内的中华民族的根本利益。要从中华民族整体利益的高度把握两岸关系大局,坚持增进互信、良性互动、求同存异、务实进取,促进两岸关系发展取得更多积极成果,努力增进两岸人民福祉，增进对两岸命运共同体的认知，不断拓宽两岸关系和平发展的道路。弘扬新时代的爱国主义精神，就要自觉维护全国各族人民大团结的政治局面，不断增强对伟大祖国、中华民族、中华文化、中国共产党、中国特色社会主义的认同，坚决维护国家主权、安全、发展利益，筑牢国家统一、民族团结、社会稳定的铜墙铁壁。

（三）尊重和传承中华民族历史和文化

中华优秀传统文化是中华民族的精神命脉，其中蕴涵着中华民族世世代代形成和积累的思想营养和实践智慧，是中华民族得以延续的文化基因，也是我们在世界文化激荡中站稳脚跟的根基。习近平同志指出：“历史是一面镜子，从历史中，我们能够更好看清世界、参透生活、认识自己；历史也是一位智者，同历史对话，我们能够更好认识过去、把握当下、面向未来。”祖国是人民最坚实的依靠，英雄是民族最闪亮的坐标。我们要对中华民族的英雄心怀崇敬，自觉传承好中华民族辉煌灿烂的历史文化。“天地英雄气，千秋尚凛然。”一个有希望的民族不能没有英雄，一个有前途的国家不能没有先锋。我们要对中华民族的英雄心怀崇敬，自觉传承好中华民族辉煌灿烂的历史文化。

（四）必须坚持立足民族又面向世界

坚持新时代的爱国主义，要求我们正确处理好立足民族与面向世界的辩证统一关系，把弘扬爱国主义精神与扩大对外开放结合进来，既要尊重各国的历史特点、文化传统，尊重各国人民选择的发展道路，从不同文明中寻求智慧、汲取营养，增强中华文明生机活力，又要积极倡导求同存异、交流互鉴，促进不同国度、不同文明相互借鉴、共同进步，共同推动人类文明发展进步。

1. 弘扬新时代的爱国主义，必须坚持立足民族，维护国家发展主体性。经济全球化是世界经济发展的必然趋势，但不等于全球政治、文化一体化。在经济全球化的条件下，国家仍然是民族存在的最高组织形式，是国际社会活动中的独立主体。只要国家继续存在，爱国主义就有坚实的基础。在参与经济全球化的过程中，必须坚定地捍卫自己国家的利益，这就更需要爱国主义的支撑。

2. 弘扬新时代的爱国主义，必须面向世界，构建人类命运共同体。坚持推动构建人类命运共同体，是新时代坚持和发展中国特色社会主义基本方略的重要内容。中国人民的梦想同各国人民的梦想息息相通，实现中国梦离不开和平的国际环境和稳定的国际秩序。当代中国的爱国主义继承并发扬了中华文化协和万邦、热爱和平的优秀传统，对内积极倡导社会主义的爱国主义，对外主张平等互利、和平共处的国际交往原则，积极维护国际和平与文明和谐。

五、做忠诚爱国者

教学素材3-2

把国家的安全、荣誉和利益放在高于一切的地位，始终做到爱国的深厚情感、理性认识和实际行动相一致，与祖国同呼吸、共命运，才是真正的爱国者。爱国是一种理性的行为，既需要情感的基础，也需要理性的认识，更需要实际的行动。要讲原则、守法律，以合理、合法的方式来进行。

（一）维护和推进祖国统一

推进祖国统一，实现中华民族伟大复兴的中国梦，必须保持香港、澳门长期繁荣稳定。香港、澳门与祖国内地要优势互补、共同发展，需要港澳同胞与内地人民坚持守望相助、携手共进。和平统一最符合包括台湾同胞在内的中华民族的根本利益。要从中华民族整体利益的高度把握两岸关系大局，在认清历史发展趋势中把握两岸前途，坚持增进互信、良性互动、求同存异、务实进取，促进两岸关系发展取得更多积极成果，努力增进两岸人民福祉，增进对两岸命运共同体的认知，不断拓宽两岸关系和平发展的道路。

1. 坚持一个中国原则。一个中国原则是两岸关系的政治基础。体现一个中国原则的“九二共识”明确界定了两岸关系的根本性质，是确保两岸关系和平发展的关键。

2. 推进两岸交流合作。两岸双方应该采取更多积极举措，提供更多政策支持，创造更加便利的条件，以拓宽合作领域，提高合作水平，产生更大效益，开创两岸关系和平发展新前景。

3. 促进两岸同胞团结奋斗。两岸双方应秉持“两岸一家亲”的理念，顺势而为、齐心协力、心心相印、守望相助，巩固和扩大两岸关系发展成果。凡是有利于增进两岸同胞共同福祉的事情，我们都应尽最大努力，要切实保护台湾同胞权益，团结台湾同胞，维护好、建设好中华民族共同家园。两岸同胞是命运与共的骨肉兄弟，是血浓于水的一家人，有着共同的血脉、共同的文化、共同的连结、共同的愿景，这是推动两岸关系相互理解、携手同心、一起前进的重要力量。

4. 反对“台独”分裂图谋。“台独”分裂行径损害国家主权、领土完整，破坏台海和平稳定，挑动两岸关系对抗紧张，损害两岸同胞共同利益，必然走向彻底失败。我们坚决维护国家主权和领土完整，绝不容忍国家分裂的历史悲剧重演。一切分裂祖国的活动都必将遭到全体中国人的坚决反对。我们有坚定的意志、充分的信心、足够的能力挫败任何形式的“台独”分裂图谋。

实现中华民族伟大复兴，是全体中国人共同的梦想。需要包括港澳台同胞在内的全体中华儿女顺应历史大势、共担民族大义，共创中华民族伟大复兴的美好未来。大学生要认清两岸关系和平发展的潮流，担当起实现民族伟大复兴的历史重任，为推动两岸关系和平发展、实现祖国统一做出自己的贡献。

（二）促进民族团结

民族问题是关系祖国统一和边疆巩固的大事，是关系民族团结和社会稳定的大事，是关系国家长治久安和中华民族繁荣昌盛的大事。大学生都要像爱护自己的眼睛一样维护民族团结，像爱护自己的生命一样维护社会稳定，自觉做民族团结进步事业的建设者、维护者、促进者。坚定“汉族离不开少数民族，少数民族离不开汉族，各少数民族之间也相互离不开”的思想观念。要牢固树立正确的祖国观、民族观，增强对伟大祖国的认同、对中华民族的认同、对中华文化的认同、对中国特色社会主义道路的认同。要铸牢中华民族共同体意识，加强各民族交往交流交融，促进各个民族像石榴籽那样紧紧抱在一起，共同团结奋斗、共同繁荣发展。

（三）增强国家安全意识

在国家安全形势越来越复杂的今天，国家安全问题事关国家安危和民族存亡。大学生要增强国家安全意识，对境内外敌对势力的渗透、颠覆、破坏活动保持高度警惕，切实履行维护国家安全的义务。

1. 确立总体国家安全观。国家安全是指一个国家不受内部和外部的威胁、破坏而保持稳定有序的状态。必须坚持总体国家安全观，坚持国家利益至上，以人民安全为宗旨，以政治安全为根本，以经济安全为基础，以军事、文化、社会安全为保障，以促进国际安全为依托，走出一条中国特色的国家安全道路。

2. 增强国防意识。强大的国防是国家生存与发展的安全保障。我国宪法明确规定，保卫祖国、抵抗侵略是中华人民共和国每一个公民的神圣职责。大学生既是社会主义现代化建设的有用人才，也是国防建设的后备人才，必须具有很强的国防观念和忧患意识，自觉接受国防和军事方面的教育训练，关心国防、了解国防、热爱国防、投身国防，积极履行国防义务，成为既能建设祖国又能保卫祖国的优秀人才。

3. 履行维护国家安全的义务。我国宪法明确规定了公民维护国家安全的基本义务，国家安全法、保守国家秘密法、国防法、兵役法、反间谍法等法律明确规定了公民维护国家安全的各项具体的法律义务。

新时代的大学生应当高扬爱国主义旗帜，把爱国之情、强国之志、报国之行统一起来，为国家和民族做出应有的贡献。

第三节　让改革创新成为青春远航的动力

教学视频3-3

改革创新是当代中国最突出、最鲜明的特点。大学生富有想象力和创造力，是改革创新的生力军，要在改革创新的实践中奉献祖国、服务人民、实现价值，让改革创新成为青春远航的强大动力。

一、创新创造是中华民族最深沉的民族禀赋

在历史的漫漫长河中，变通求新、因革损益、革故鼎新、与时俱进、与日偕新等思想观念逐渐积淀为中华民族最深沉的民族禀赋。中华民族是富有创新精神的民族。

我国在历史上长期处于世界领先地位，我国思想文化、社会制度、经济发展、科学技术以及其他许多方面对周边国家和地区发挥了重要的辐射和引领作用，中华文明对世界文明进步做出了巨大贡献，产生了深远影响。究其深层精神根源，就在于中华民族创新创造这一宝贵的精神传统和民族禀赋。

二、改革创新是时代要求

在当代中国，坚持改革创新是新时代的迫切要求。社会发展离不开改革创新，改革创新是社会发展的重要动力。

（一）创新始终是推动人类社会发展的第一动力

16世纪以来，人类社会进入前所未有的创新活跃期，几百年里，人类在科学技术方面取得的创新成果超过过去几千年的总和。创新决定着世界政治经济力量对比的变化，也决定着各国各民族的前途命运。

（二）创新能力是当今国际竞争新优势的集中体现

面对科技创新和产业革命新趋势，世界主要国家都在积极调整应对，加大投入，加强人才、专利、标准等战略性创新资源的争夺，创新战略竞争在综合国力竞争中的地位日益重要。

（三）改革创新是我国赢得未来的必然要求

抓创新就是抓发展，谋创新就是谋未来。目前，我国大而不强的问题主要体现在创新能力不强，科技发展水平总体不高，科技对经济社会发展的支撑能力不足，科技对经济增长的贡献率远低于发达国家水平等方面，这是我国这个经济大个头的“阿喀琉斯之踵”。

改革创新永无止境。大学生要自觉树立敢为天下先的志向和信心，敢于担当、勇于超越，在攻坚克难中追求卓越，在改革创新中引领世界潮流。

三、做改革创新生力军

教学素材3-3

新时代的大学生置身于实现中华民族伟大复兴的时代洪流之中，应当以时代使命为己任，把握时代脉搏，迎接时代挑战，增强创新创造的能力和本领，勇做改革创新的实践者，将弘扬改革创新精神贯穿于实践中、体现在行动上。

（一）树立改革创新的自觉意识

改革创新，是人们在实践中有直面困难的勇气，有突破难关的精神，锐意进取，奋力前行。自觉增强改革创新的责任感，树立敢于突破陈规、大胆探索未知、勇于创新创造的思想观念。

1. 增强改革创新的责任感。改革创新表现为一种不甘落后、奋勇争先、追求进步的责任感和使命感。在时代大潮中，有人选择安于现状、不思进取、随波逐流，有人则意气风发、力争上游、拼搏进取。

2. 树立敢于突破陈规的意识。要创新，就要有强烈的创新意识，凡事敢于质疑现有定论，勇于开拓新的方向，敢于大胆突破陈规甚至常规，敢于大胆探索尝试，这是大学生在学习与实践中创新创造的重要前提。

3. 树立大胆探索未知领域的信心。创新就是要走前人没有走过的路。要创新，就要有强烈的创新自信。需要虽“路漫漫其修远兮”，但仍有“上下而求索”的勇气。

（二）增强改革创新的能力本领

1. 培养创新思维。大学生在专业学习与社会实践中应自觉培养创新型思维，勤于思考，善于发现，勇于创新。

2. 夯实创新基础。改革创新者具有扎实的专业知识基础，创新都是站在前人积累的专业知识基础之上。改革创新的关键在于能够推陈出新，提出前人不曾提出的新思想，推出令世人敬仰叹服的新创造。

3. 投身创新实践。当代大学生应当在全面深化改革的伟大实践中深深体悟改革创新精神，增强改革创新的意识，锤炼改革创新的意志，增强改革创新的能力本领，勇做改革创新的实践者和生力军。

青年身上蕴藏着巨大的创造能量和活力。大学生应当珍惜人生中最具创新创造活力的宝贵时期，有敢为人先、开拓进取的锐气，有逢山开路、遇河架桥的意志，在创新创造中不断积累经验、取得成果、演绎精彩。

（三）改革创新的重要意义

改革是全面的改革，既包括经济体制改革，也包括政治体制、文化体制、社会体制以及其他方面的改革；创新也是全面的创新，既包括理论创新，也包括制度创新、科技创新、文化创新及其其他各方面的创新。在当代中国，社会发展离不开改革创新，改革创新是社会发展的重要动力。

1. 进一步解放和发展生产力的必然要求。生产力与生产关系的矛盾、经济基础与上层建筑的矛盾是社会发展的基本动力。这一规律不仅表现为通过暴力革命手段实现新社会制度代替旧社会制度，也表现为在社会基本制度不变的前提下，通过改革实现社会的自我调整和改善。社会主义现代化必须建立在发达的生产力基础之上。实现社会主义现代化，最根本的就是要通过改革创新，不断促进先进的生产力的发展。

2. 全面深化改革、推动经济社会全面发展的重要条件。当前，我国发展进入新阶段，改革进入攻坚期和深水区。发展改革创新的时代精神，对于最大限度集中全党全社会智慧，最大限度调动一切积极因素，以更大决心冲破思想观念的束缚、突破利益固化的藩篱，推动经济社会持续快速健康发展，开创中国特色社会主义事业发展的新局面，具有至关重要的作用。

3. 建设社会主义创新型国家的迫切需求。以改革创新为核心的时代精神，是当代中国人民精神风貌的集中写照，是激发社会创造活力的强大力量。中国特色社会主义事业是一项前无古人的创造性事业，只有坚持弘扬以改革创新为核心的时代精神，才能使全体人民始终保持昂扬向上的精神状态，不断推进中国特色社会主义伟大事业。

同步训练　　考研真题　　章节资料

第四章　践行社会主义核心价值观

PPT

对一个民族、一个国家来说，最持久、最深层的力量是全社会共同认可的核心价值观。社会主义核心价值观是当代中国精神的集中体现，凝结着全体人民共同的价值追求。大学生要深刻领会社会主义核心价值观的重要意义和科学内涵，自觉践行社会主义核心价值观，努力成为培育和弘扬社会主义核心价值观最积极、最活跃、最充分的青年先进代表。

第一节　全体人民共同的价值追求

教学视频4-1

核心价值观，承载着一个民族、一个国家的精神追求，体现着一个社会评判是非曲直的价值标准。全社会积极弘扬和践行社会主义核心价值观，才能汇聚起建设社会主义现代化强国和实现中华民族伟大复兴的中国梦的磅礴力量。

一、社会主义核心价值观的基本内容

教学素材 4-1

社会主义核心价值观是社会主义核心价值体系的内核，体现社会主义核心价值体系的根本性质和基本特征，反映社会主义核心价值体系的丰富内涵和实践要求，是社会主义核心价值体系的高度凝练和集中表达。

社会主义核心价值观把涉及国家、社会、公民的价值要求融为一体，体现了社会主义本质要求，继承了中华优秀传统文化，吸收了世界文明有益成果，体现了时代精神，是对我们要建设什么样的国家、建设什么样的社会、培育什么样的公民等重大问题的深刻解答。

（一）富强、民主、文明、和谐

坚持和发展中国特色社会主义，实现中华民族伟大复兴的中国梦，凝结着中华民族和中国人民对富强、民主、文明、和谐的价值追求。这一价值追求回答了我们要建设什么样的国家的重大问题，揭示了当代中国在经济发展、政治文明、文化繁荣、社会进步等方面的价值目标，从国家层面标注了社会主义核心价值观的时代刻度。

（二）自由、平等、公正、法治

自由、平等、公正、法治，反映了人们对美好社会的期望和憧憬，是衡量现代社会是否充满活力又和谐有序的重要标志。这一价值追求回答了我们要建设什么样的社会的重大问题，与实现国家治理体系和治理能力现代化的要求相契合，揭示了社会主义社会发展的价值取向。

（三）爱国、敬业、诚信、友善

爱国才能承担时代赋予的使命，敬业才能创造更大的人生价值，诚信才能赢得良好的发展环境，友善才能形成和谐的人际关系。这是每一个公民都应当遵守的道德规范。有了这样的价值追求，人们才能更好地处理个人与国家、社会、他人的关系，不断提升自己的人生境界。爱国、敬业、诚信、友善，这一价值追求回答了我们要培育什么样的公民的重大问题，涵盖了社会公德、职业道德、家庭美德、个人品德等各个方面，是每一个公民都应当遵守的道德规范。

二、当代中国发展进步的精神指引

培育和践行社会主义核心价值观，是有效整合我国社会意识、凝聚社会价值共识、解决和化解社会矛盾、聚合磅礴之力的重大举措，是保证我国经济社会沿着正确的方向发展、实现中华民族伟大复兴的价值支撑，意义重大而深远。

（一）坚持和发展中国特色社会主义的价值遵循

在全社会大力弘扬社会主义核心价值观，坚守我们的价值观立场，坚定中国特色社会主义的道路自信、理论自信、制度自信和文化自信，为社会的有序运行、良性发展提供明确价值准则，保证中国特色社会主义事业始终沿着正确方向前进，是中国特色社会主义的铸魂工程。

（二）提高国家文化软实力的迫切要求

"核心价值观是文化软实力的灵魂、文化软实力建设的重点。这是决定文化性质和方向的最深层次要素。"有利于增进国际社会对中国的理解，扩大中华文化影响力，展示社会主义中国的良好形象；有利于增强社会主义意识形态的竞争力，掌握话语权，赢得主动权，逐步打破西方的话语垄断、舆论垄断，维护国家文化利益和意识形态安全，不断提高我们国家的文化软实力。

（三）增进社会团结和谐的最大公约数

习近平同志说："我国是一个有着13亿多人口、56个民族的大国，确立反映全国各族人民共同认同的价值观'最大公约数'，使全体人民同心同德、团结奋进，关乎国家前途命运，关乎人民幸福安康。"培育和践行社会主义核心价值观，能够在具体利益矛盾、各种思想差异之上最广泛地形成价值共识,有效引领整合纷繁复杂的社会思想意识,有效避免利益格局调整可能带来的思想对立和混乱,形成团结奋斗的强大精神力量。

第二节　坚定价值观自信

教学视频4-2

价值观自信是一个民族、一个国家高度自觉自信的状态。坚定的核心价值观自信,是中国特色社会主义道路自信、理论自信、制度自信和文化自信的价值内核。社会主义核心价值观丰厚的历史底蕴、坚实的现实基础、强大的道义力量为我们坚定核心价值观自信提供了充分的理由。

一、社会主义核心价值观的历史底蕴

教学素材4-2

中华优秀传统文化是社会主义核心价值观历史底蕴的集中体现,是涵养社会主义核心价值观的重要源泉,是中华民族的精神命脉。正如习近平同志所说的,要“深入挖掘和阐发中华优秀传统文化讲仁爱、重民本、守诚信、崇正义、尚和合、求大同的时代价值,使中华优秀传统文化成为涵养社会主义核心价值观的重要源泉”。培育和弘扬社会主义核心价值观,必须

立足中华优秀传统文化。推动中华优秀传统文化创造性转化和创新性发展，激活其生命力，增强其影响力和感召力，把跨越时空、超越国度、富有永恒魅力、具有当代价值的文化精神弘扬起来，把继承优秀传统文化又弘扬时代精神、立足本国又面向世界的当代中国文化创新成果传播出去。

二、社会主义核心价值观的现实基础

习近平同志指出："一个民族、一个国家的核心价值观必须同这个民族、这个国家的历史文化相契合，同这个民族、这个国家的人民正在进行的奋斗相结合，同这个民族、这个国家需要解决的时代问题相适应。"我们所积极弘扬和践行的社会主义核心价值观，就是当今时代的中华民族所进行的人类历史上最为宏伟而独特的中国特色社会主义建设实践。

1. 中国特色社会主义建设是社会主义核心价值观的实践根据。它是中国人民最伟大的梦想，是中华民族的最高利益和根本利益，是近代以来中国社会发展的必然选择，是历史和人民的选择，凝聚着全国各族人民的奋斗和实践。

2. 中国特色社会主义建设也展示着社会主义核心价值观的生机活力。它使我国的综合国力、人民的生活水平、国际竞争力和国际影响力都迈上了新台阶，彰显了中国特色社会主义的巨大优越性和强大生命力。

三、社会主义核心价值观的道义力量

社会主义核心价值观以其先进性、人民性和真实性而居于人类社会的价值制高点，具有强大的道义力量。

1. 社会主义核心价值观的先进性，体现在它是社会主义制度所坚持和追求的核心价值理念，反映着我国社会主义基本制度的本质要求，是我国社会主义制度的内在精神之魂。

2. 社会主义核心价值观的人民性体现在它所代表的最广大人民的根本利益，反映了最广大人民的价值诉求，引导着最广大人民为实现美好社会理想而奋斗。

第三节 做社会主义核心价值观的积极践行者

教学视频4-3

在全社会培育和弘扬社会主义核心价值观,需要大学生始终走在时代前列,成为社会主义核心价值观的坚定信仰者、积极传播者、模范践行者。这既关系着自己的健康成长成才,又决定着未来整个社会的价值取向。

一、扣好人生的扣子

青年的价值取向决定了未来整个社会的价值取向,而青年又处在价值观形成和确立的时期,抓好这一时期的价值观养成十分重要。大学生知识体系搭建尚未完成,价值观塑造尚未成型,情感心理尚未成熟,需要加以正确引导。正如习近平同志指出:"这就像穿衣服扣扣子一样,如果第一粒扣子扣错了,剩余的扣子都会扣错。人生的扣子从一开始就要扣好。"

大学生应从自己做起,努力把核心价值观的要求变成日常的行为准则,形成自觉奉行的信念理念,并身体力行大力将其推广到全社会去,为实现国家富强、民族振兴、人民幸福的中国梦凝聚强大的青春能量。正确的价值观能够引导大学生把人生价值追求融入国家和民族事业,始终站在人民大众立场,同人民一道拼搏、同祖国一道前进,服务人民、奉献社会,努力成为中国特色社会主义事业的合格建设者和可靠接班人。

(一)勤于学习、敏于求知,打下坚实的知识和理论功底

知识是树立社会主义核心价值观的重要基础。大学生处于学习的黄金时期,要下得苦功夫,求得真学问,把学习作为一种精神追求、一种生活方式。要努力掌握马克思主义理论,把理论信念建立在对科学理论的理想信

念建立在对科学理论的理性认同上，建立在历史规律的正确认识上，建立在对基本国情的准确把握上，不断增强道德自信、理论自信、制度自信、文化自信。

（二）崇德修身、砥砺品格，培养良好的思想道德修养与法律素质

大学生应当加强思想道德修养，把正确的认知、自觉的养成、积极的实践紧密结合起来，自觉弘扬爱国主义、集体主义、社会主义原则，积极涵育社会公德、职业道德、家庭美德、个人品德，做到明大德、守公德、严私德。要注重加强法律修养，自己尊法、学法、守法、用法，不断增强法治意识，提高法治素养，努力做社会主义法治的忠实崇尚者、自觉遵守者、坚定捍卫者。

（三）明辨是非、坚定自励，在是非善恶面前做到择善固守、从容自信

面对世界的深刻复杂变化，面对信息时代各种思潮的相互激荡，面对纷繁多变、鱼龙混杂的社会现象，大学生要保持清醒的头脑，用正确的世界观、人生观、价值观这把总钥匙对待社会万象、人生历程，做到不偏信，不盲从，不迷失，在是非、真假、善恶、美丑等问题上做出正确判断和理性选择，展示大学生稳重自持、从容自信、坚定自励等良好形象。

（四）脚踏实地、艰苦奋斗，在服务祖国、服务人民的实践中创造人生价值

中国特色社会主义事业需要一代代青年付出艰苦努力。青年有着大好机遇，关键是迈稳步子、夯实根基、久久为功。大学生要顺应社会发展的潮流，把个人的前途命运与国家、民族的前途命运联系在一起，要从自身做起、从点滴做起，把小事当作大事干，把艰苦环境当作磨炼的机遇，坚韧不拔，百折不挠，一步一个脚印往前走，努力成长为中国特色社会主义事业的合格建设者和可靠接班人。

二、勤学修德明辨笃实

教学素材4-3

大学生就是要切实做到勤学、修德、明辨、笃实，使社会主义核心价值观成为一言一行的基本遵循。

（一）勤学

大学生正处于学习科学知识的黄金时期，把学习作为一种精神追求、一种生活方式，要注重把所学知识内化于心，形成自己的见解，专攻博览，努力掌握为祖国、为人民服务的真才实学，让勤于学习、敏于求知成为青春远航的动力。要努力掌握马克思主义理论，形成正确的世界观和科学的方法论，深化对社会主义核心价值观的认知认同。

（二）修德

修德，既要立意高远，又要立足平实。要立志报效祖国、服务人民，这是大德，养大德者方可成大业。同时，还得从做好小事、管好小节开始起步，“见善则迁，有过则改”，踏踏实实修好公德、私德，学会劳动、学会勤俭，学会感恩、学会助人，学会谦让、学会宽容，学会自省、学会自律。核心价值观，其实就是一种德，既是个人的德，也是一种大德，就是国家的德、社会的德。国无德不兴，人无德不立。

（三）明辨

培育和践行社会主义核心价值观，要增强自己的价值判断力和道德责任感，辨别什么是真善美、什么是假恶丑，自觉做到常修善德、常怀善念、常做善举。大学生一定要正视价值观选择和道德责任感，强化判断，善于明辨是非，善于决断选择，旗帜鲜明地弘扬真善美、贬斥假恶丑，树立正确导向，澄清模糊认识，匡正失范行为，形成激浊扬清、抑恶扬善的思想道德舆论，自觉做良好道德风尚的建设者、社会文明进步的推动者。

（四）笃实

“天下难事，必作于易；天下大事，必作于细。”成功的背后，永远是艰辛努力。青年要把艰苦环境作为磨炼自己的机遇，把小事当作大事干，一步一个脚印往前走。滴水可以穿石。只要坚韧不拔、百折不挠，成功就一定属于你。

大学生和千千万万青年必将成为亲历者的见证人，希望寄托在你们身上。同学们要树立雄心壮志，让青春承担责任，让责任引领人生，在党的领导下，做勇敢走在时代前列的奋进者、开拓者、奉献者，担当起党和人民赋予的历史重任，在激扬青春、开拓人生、奉献社会的进程中书写无愧于时代的壮丽篇章。培育和践行社会主义核心价值观，既要目标高远，保持定力、不懈奋进，又要脚踏实地、严于律己、精益求精，将社会主义核心价值观转化为人生的价值准则。

同步训练　　考研真题　　章节资料

第五章　明大德守公德严私德

PPT

大学生提高自身的道德素质，需要认真学习道德的基本理论，树立正确的道德观，自觉传承中华传统美德和中国革命道德，积极吸收借鉴人类优秀道德成果，遵守公民道德准则，在投身崇德向善的实践中不断提高道德品质。大学生学习和掌握公共生活领域的道德规范，加强道德修养，注重道德实践，锤炼高尚品格，可以为应对和解决走向社会、立业成家等人生重大课题打下良好基础。

第一节　道德及其变化发展

教学视频5-1

道德是由思想行为体现的、有一定标准的社会风俗、习惯。道德是以善恶为评价方式，主要依靠社会舆论、传统习俗和内心信念来发挥作用的行为规范的总和。了解道德的起源、本质、功能、作用及历史发展，有助于大学生更加自觉地明德惟馨、崇德修身。

一、什么是道德

教学素材5-1

道德，指衡量行为是否正当的观念标准，是指一定社会调整人们之间以及个人和社会之间关系的行为规范的总和。不同的对错标准是特定生产能力、生产关系和生活形态下自然形成的。作为人类社会特有的一种社会现象，道德是人类社会发展到一定阶段的必然产物。准确把握道德的起源和本质，是大学生建立正确的道德认知的前提。道德是后天养成的合乎行为规范和准则的东西。它是社会生活环境中的意识形态之一，它是做人做事和成人成事的底线。它要求我们且帮助我们，并在生活中约束着我们。党的十八大报告明确提出“全面提高公民道德素质”，“这是社会主义道德建设的基本任务。”道德是通过社会舆论、传统习俗和人们的内心信念来维系，对人们的行为进行善恶评价的心理意识、原则规范和行为活动的总和。

（一）道德的起源

道德作为一种社会现象，其产生有多方面的条件。首先，社会关系的形成是道德赖以产生的客观条件。道德是社会关系的产物，只有形成了人与人、人与社会之间的互相关系，才产生道德。其次，人们自我意识的形成与发展是道德产生的主观条件。最后，道德产生所需要的主客观条件是统一于生产实践的。劳动创造了人和人类社会，是人类道德起源的一个历史前提。

道德的形成经历了一个漫长的历史过程。人类最初的道德以风俗习惯等形式表现出来。随着社会生产力的发展和社会生活的日益复杂化、多样化，特别是随着人类文明时代的开始，道德逐渐从风俗习惯中分化出来，成为一个相对独立的社会意识形式。

马克思主义科学地揭示了道德的起源，认为道德产生于人类的历史发展和人们的社会实践中。道德作为人类社会特有的现象，不是人主观自生的，也不是神的意志，而是人类社会发展的需要。道德产生有多方面的条件。

其一，劳动是道德起源的第一个历史前提。劳动创造了道德产生的主客观条件，也形成了道德产生的主客观统一的重要条件，提供了道德产生和发展的动力。

其二，社会关系的形成是道德赖以产生的客观条件。道德是社会关系的产物，只有形成了人与人、人与社会之间的相互关系，才会产生道德。

其三，人类自我意识的形成和发展是道德产生的主观条件。道德是一种调节关系的方式，以人的意识发生为前提。

马克思主义道德观认为，“物质生活的生产方式制约着整个社会生活、政治生活和精神生活的过程。”因此，道德的起源问题，必须从这一实际出发来认识和把握。

道德是人类社会的特有现象，动物的本能行为中不存在真正的道德。劳动创造了道德主体。劳动创造了人和人类社会，是道德起源的第一个历史前提，是道德起源的首要前提。社会关系是道德赖以产生的客观条件。社会关系的形成和发展产生了调节各种关系特别是利益关系的需要，道德恰恰是适应社会关系调节的需要而产生的。人的自我意识是道德产生的主观条件。意识是道德产生的思想认识前提。人只有在社会实践中，意识到自我在社会中的角色与地位，意识到自我与他人或集体不同的利益关系，并由此产生调节利益矛盾的迫切要求时，道德才得以产生。马克思主义道德理论在人类思想史上第一次科学而全面地论述了道德的起源问题，为正确认识和理解道德的本质奠定了基础。

（二）道德的本质

道德是一种特殊的社会意识形态，属于上层建筑的范畴，道德是反映社会经济关系的特殊意识形态。道德的产生、发展和变化，归根结底根源于社会经济关系。社会经济关系的性质决定着相应的道德体系的性质，它体现的利益关系决定着道德的基本原则和主要规范。社会经济关系的变化必然引起道德的变化。

马克思主义科学地揭示了道德的本质,认为道德是属于上层建筑的范畴,是一种特殊的社会意识形态,是由社会经济基础决定的,是社会经济关系的反映,并为社会的经济基础服务。正确地理解道德的本质,应该把握社会经济基础对道德的决定作用,以及道德作为一种特殊的社会意识形态对社会经济基础的能动作用。

1. 道德作为社会经济关系的产物,是一种社会意识形态。社会经济基础对道德的决定作用主要表现在以下四个方面:

(1)社会经济关系的性质直接决定社会道德体系的性质,有什么样的经济关系就有什么样的社会道德。历史上出现的不同道德体系,都是由当时的社会经济关系决定的。

(2)社会经济关系中所表现出来的利益直接决定着道德的基本原则和主要规范。人们总是从一定的利益出发选择自己的行为,处理与他人或社会的关系,作出善恶的价值判断,从而形成较为固定的道德原则和规范。

(3)在阶级社会中,社会经济关系主要表现为阶级关系,因此,道德必然反映着特定阶级的利益而具有阶级性。在阶级社会中,“人们自觉地或不自觉地,归根到底总是从他们阶级地位所依据的实际关系中——从他们进行生产和交换的经济关系中,获得自己的伦理观念。”

(4)社会经济关系的发展变化必然引起道德的变化。人们的道德水平必然随着社会实践由低级到高级的发展而不断进步。但道德在依赖经济关系的同时,又具有自己的相对独立性。

2. 道德作为一种社会意识形态,是一种特殊的规范调节方式。道德不但是一种社会意识形态,而且是一种特殊的社会意识形态。道德对现实生活的调节方式区别于政治、法律等其他意识形态的规范体系,其主要表现有以下三个方面:

(1)道德对社会行为的调节是非强制性的。道德是通过社会舆论、传统习惯和人们内心信念来维系,通过说服、劝阻、示范方式起作用,不是靠外部强制力量来维持。个人能否按道德要求去做,关键在于内心信念,在于个人的道德自律。如果有人不遵守道德,那么会受到舆论的批评和良心的谴责。

(2)道德规范具有相对稳定性。道德规范比政治规范、法律规范等其他意识形态变化速度更慢,表现出更大的稳定性。某种道德规范一经形成便会长期存在,它比政治、法律规范的作用时间更长,范围更广。

(3)道德调整的社会关系范围具有广泛性。从时间上看,道德产生最早,又存在于人类社会发展的各个历史阶段,它随着社会经济关系的变化而不断变化,并与人类社会共始终;从空间上看,道德涉及社会生活的政治、经济、军事、法律、艺术等一切领域,即人们的物质生活或精神生活的方方面面;从社会群体上看,任何社会成员都是道德的主体和道德评价的客体,凡是有人群的地方就有道德的存在。

总之,道德作为一种实践精神,是特殊的意识信念、行为准则、评价选择等方面的总和,是调节社会关系、发展个人品质、提高精神境界等活动的动力。

二、道德的功能与作用

道德作为人类的社会生活发展到一定阶段的必然产物,源于人的社会生活需要,又服务于人的社会生活需要。道德在人类社会中居于特别重要的地位,具有特殊的功能和作用。

(一)道德的功能

道德的功能集中体现为,它是处理个人和他人,个人和社会之间关系的行为规范及实现自律完善的一种精神力量。道德作为社会意识的特殊形式,对于社会发展具有一定的功效与能力。道德的功能是多元的,同时也是多层次的。

1. 认识功能。道德反映社会关系特别是社会经济关系的功效与能力。道德往往借助于道德观念、道德理想、道德准则等形式,帮助人们正确认识社会道德生活的规律和原则,认识自己对社会、他人、家庭的道德义务和责任,使人们的道德选择、道德行为建立在明辨善恶的道德认识基础上,从而正确选择自己的道德行为,积极塑造自身的善良道德品质。

2. 调节功能。人类拟定道德原则的目的是调节利益关系,实现本阶段(社会或团体)利益最大化。道德具有通过评价等方式,指导和纠正人们的行为和实践活动,协调社会关系和人际关系的功能。道德是社会矛盾的调节器。在社会生活中,道德调节并不是孤立进行的,而是和其他社会调节手段,主要是法律和纪律密切配合,共同发挥调节效用。

3. 教育功能。道德是催人奋进的引路人。它培养人们良好的道德意识、道德品质和道德行为，树立正确的义务、荣誉、正义和幸福等观念，使受教育者成为道德纯洁、理想高尚的人。

4. 平衡功能。道德不仅调节人与人之间的关系，而且平衡人与自然之间的关系。它要求人们端正对自然的态度，调节自身的行为。环境道德是当代社会公德之一，它能教育人们应当以造福于而不贻祸于子孙后代的高度责任感，从社会的全局利益和长远利益出发，开发自然资源，发展社会生产，维持生态平衡，积极治理和防止对自然环境的人为的破坏，平衡人与自然之间的正常关系。

（二）道德的作用

道德的作用是指道德的认识、规范、调节、激励、导向、教育等功能的发挥和实现所产生的社会影响及实际效果。道德的作用主要表现在：道德为经济基础的形成、巩固和发展服务，是一种重要的精神力量；道德对其他社会意识形态的存在有着重大的影响；道德通过调整人们之间的关系维护社会秩序的稳定；道德是提高人的精神境界、促进人的自我完善、推动人的全面发展的内在动力；在阶级社会中，道德是调节阶级矛盾和对立阶级之间开展阶级斗争的重要工具。

道德的功能和作用彰显了道德的力量。道德的力量是广泛的、深刻的，它深刻地影响着人们的意志、行为和品格，也深刻地影响着社会的存在和发展；道德的力量随着时代的发展而发展，是推动人类文明不断向前发展的重要力量。

三、道德的变化发展

道德不是千古不变的，同其他社会意识形态一样，道德也有发生发展的过程。在社会主义社会，有一部分先进分子，还身体力行共产主义道德。每一个社会都有与其经济基础相适应的占统治地位的道德；在同一社会形态中，不同的阶级或人群还会有不同的道德。在阶级社会中，占社会统治地位的道德是统治阶级的道德，而同时存在着的其他阶级的道德则处于从属地位。人类道德的发展是一个曲折上升的历史过程。人类道德发展的历史过程与社会生产方式的发展进程大体一致，这是道德发展的基本规律。虽然在一定时期可能有某种停滞或倒退现象，但道德发展的总趋势是向上的、前进的，是沿着曲折的道路向前发展的。

道德在社会生活中所起的非常重要的作用，对于促进社会和谐与人的全面自由发展的作用越来越突出；道德调控的范围不断扩大，调控的手段或方式不断丰富，更加科学合理；道德的发展和进步也成为衡量社会文明程度的重要尺度。

社会主义和共产主义道德，是人类道德合乎规律发展的必然产物，是人类道德发展史上的一种崭新类型的道德，是对人类道德传统的批判与继承，并必然随着社会的进步和实践的发展而与时俱进。

第二节　吸收借鉴优秀道德成果

教学视频 5-2

中华传统美德是中华文化的精髓，蕴含着丰富的思想道德资源；中国革命道德是对中华传统美德的继承和发展，是中华民族极其宝贵的道德财富。推进社会主义道德建设，必须坚持马克思主义道德观，充分吸收借鉴各种优秀道德成果。大学生应当自觉继承并弘扬中华传统美德和中国革命道德，同时以开放的胸怀和视野吸收借鉴人类文明的有益道德成果，不断深化对社会主义道德的认识。

一、传承中华传统美德

教学素材 5-2

传统道德是历史上不同时代人们的行为方式、风俗习惯、价值观念和文化心理的集中体现，是对道德实践经验的提炼总结。中华传统美德是中华优秀文化的重要组成部分。

（一）中华传统美德的基本精神

在中华传统道德的发展演化中，始终强调整体利益、国家利益和民族利益的重要性。中华传统美德内容丰富、博大精深，是人类文明发展的重要精神财富，是社会主义道德建设的源头活水。重视整体利益，强调责任奉献。

1. 重视整体利益，强调责任奉献。在中华传统道德的发展演化中，始终强调整体利益、国家利益和民族利益的重要性。传统道德中的义利之辨、理欲之辨，其核心和本质是公私之辨。这种义利观不但在中华民族的长期发展中起了积极的作用，而且对当前提高我国社会成员的道德水平仍有重要意义。

2. 推崇“仁爱”原则，注重以和为贵。推崇仁爱、崇尚和谐是中华民族的优良传统和高尚品德。古人强调社会和谐，讲求和睦友善，倡导团结互助，追求和平共处。在人际相处上，中国人历来主张与人为善、推己及人、建立和谐友爱的人际关系；在民族关系上，中华各民族互相交融、和衷共济，建设团结和睦的大家庭；在对外关系上，中华民族倡导亲仁善邻、协和万邦，与世界其他民族在平等对待、互相尊重的基础上发展友好合作关系。

3. 提倡人伦价值，重视道德义务。中华传统美德一个重要的特点，就是它非常重视每个人在人伦关系中的地位及其价值，强调每个人都必须根据规范的要求，来尽自己应尽的义务。

4. 追求精神境界，向往理想人格。中华传统美德主张在物质生活基本满足的情况下应追求崇高的精神境界，把道德理想的实现看作是人生诸种需要中最高层次的需要。

5. 强调道德修养，注重道德践履。中国古代的思想家大都认为，在塑造理想人格的过程中，最重要的就是要奋发向上、切磋践履、修身养性。

中华传统美德已经深入全民族的思维方式、价值观念、行为方式和风俗习惯之中，具有重要的当代价值。传统美德蕴藏的中国智慧，既可以为我们今天的道德建设提供有益启发，为治国理政提供有益启示，也为当代大学生的成长提供了宝贵精神营养，也为解决当代人类面临的道德难题提供了重要启迪。

（二）中华传统美德的当代价值

中华传统美德中倡导的讲仁爱、重民本、守诚信、崇正义、尚和合、求大同的精神和良好行为规范，是中国传统道德的精华。今天，弘扬中华传统美德，具有重大的现实意义。

1. 社会主义现代化建设的需要。每个国家都有各自的历史和文化道德传统，这是实现现代化的过程中保持自己特色、走出自己道路的重要基础。中华民族蕴含真善美，在马克思主义的指导下，经过创造性的转化和创新性发展，中华民族美德就能汇入中国特色社会主义道德体系，成为中国特色社会主义道德体系的组成部分。

2. 加强社会主义道德建设的需要。加强社会主义道德建设，必须继承和弘扬中华传统美德，能够提高民族自尊心和民族自信心，增强民族自豪感和民族责任感。

3. 大学生成长成才的需要。中华民族的传统美德是每个中国人的历史之根，代表着中华民族独特的精神标识，丰富着我们的精神世界，完善着我们的道德品质，成为个人成长成才的重要推进力量。

（三）中华传统美德的创造性转化和创新性发展

中华传统美德作为中国传统道德的精华部分，为今天的道德建设提供了丰富的资源，要在去粗取精、去伪存真的基础上坚持古为今用、推陈出新，努力实现中华传统美德的创造性转化和创新性发展。

中华传统美德是经过漫长的社会发展而形成的，不可避免地打上了传统社会的印记，在内容和形式上或多或少地存在着与今天的现实生活不相适应的地方。弘扬中华传统美德，必须通过科学的分析和鉴别，把其中带有阶级和时代局限性的成分剔除出去，把其中具有当代价值的道德精神发掘出来，总结传统美德中丰富的思想道德资源，加强对中华传统美德的挖掘和阐发。任何道德都是具体历史时代的产物。结合现代生活赋予其新的时代内涵，努力推动中华传统美德的创造性转化和创新性发展。

用中华传统美德滋养社会主义道德建设。要立足于面向大众、服务人民，发挥中华传统美德人伦日用的化育功能，使传统美德与日常生活水乳交融，让传统美德中蕴含的伦理精神点点滴滴地融入人们的生活，生根发酵，产生化育的功能，不断丰富人们的精神世界，增强人们的精神力量。根据是否有利于推动中国特色社会主义事业，是否有利于建设社会主义道德体系，是否有利于培育和践行社会主义核心价值观的标准，坚持古为今用、推陈出新的原则，为社会主义道德建设提供丰厚的道德资源，赋予社会主义道德和共产主义道德以鲜明的民族特色。我们要树立高度的文化自觉和文化自信，深入挖掘中华优秀传统文化蕴含的思想观念、人文精神、道德规范，结合时代要求继承创新，让中华文化展现出永久魅力和时代风采。

二、发扬中国革命道德

中国革命道德，是对中华传统美德的延续和发展。传承和发扬中国革命道德，是弘扬中华传统美德的应有之义，是加强社会主义道德建设的客观需要，也是激励大学生锤炼优良道德品质的必然要求。

（一）中国革命道德的形成与发展

中国革命道德，是指中国共产党人、人民军队、一切先进分子和人民群众在中国革命、建设、改革中所形成的优秀道德，是马克思主义与中国革命、建设、改革的伟大实践相结合的产物，是中华民族极其宝贵的道德财富。

中国共产党始终高度重视继承和发扬革命道德传统。中国革命道德作为一种精神力量，对中国的革命、建设、改革事业发挥着极其重要的作用。

弘扬中国革命道德，要同弘扬中华传统美德相结合。中华传统美德是中国革命道德的渊源之一，从某种意义上来说，没有中华传统美德的长期发展和丰厚积淀，就不可能有中国革命道德的形成和发展。

中国革命道德继承了中国传统道德的精华，摒弃了传统道德的糟粕，是中国优良传统道德的延续和发展，是超越了中华传统美德的时代局限而形成的一种崭新的道德。

（二）中国革命道德的主要内容

中国革命道德具有丰富而独特的内涵，既包括革命道德的原则、要求、态度、修养、风尚等方面，也包括革命理想、革命精神等方面，具有丰富的内容。

1. 为实现社会主义和共产主义理想而奋斗。坚持社会主义、共产主义理想和信念的不屈不挠的精神，是革命道德的灵魂。

2. 全心全意为人民服务。全心全意为人民服务作为贯穿中国革命道德始终的一根红线，是中国共产党在中国革命实践中的一个伟大创造，对中国的革命、建设、改革事业，产生了极其重大的推动作用。

3. 始终把革命利益放在首位。中国革命道德在要求一切革命者和先进分子自觉地以个人利益服从革命利益的同时，也要求革命的集体和领导始终不渝地从各个方面照顾每个革命成员的个人利益，关心他们的事业成就和个人的全面发展。

4. 树立社会新风，建立新型人际关系。引导建立新型家庭关系和培育良好家风，对于提升人民群众的文明水准和道德风貌，树立社会新风尚，发挥了重要的作用。面向生活实践，树立社会新风，建立新型人际关系，体现了中国革命道德在社会生活层面上的重要意义。

5. 修身自律，保持节操。中国革命道德还体现在共产党人对自身道德修养的重视方面，把加强个人道德修养看成是能够影响革命成败的大事，中国革命道德的重要环节就是共产党人修身自律、保持节操。

（三）中国革命道德的当代价值

中国革命道德内容丰富，都是中国共产党领导全体人民实现民族独立、人民解放的精神支撑和思想武器，对于我们走好新时代的长征路，实现中华民族伟大复兴仍然具有极其重要的现实意义。

1. 有利于培育和践行社会主义核心价值观。中国革命道德，是先进价值观在道德领域的集中体现，蕴含着培育和践行社会主义核心价值观的丰富思想道德资源。

2. 有利于加强和巩固社会主义和共产主义的理想信念。我们既要正视人民群众的物质利益，不断提高和改善人民的物质生活，又要进行理想信念的教育，充实人民群众的精神生活。

3. 有利于引导人们树立正确的道德观。在今天，把革命道德发扬光大，能够引导人们正确对待个人利益和社会利益、国家利益，能够帮助人们在深刻把握历史、认识社会、审视人生的基础上，积极投入决胜全面建成小康社会、夺取新时代中国特色社会主义伟大胜利的新征程。

4. 有利于培育良好的社会道德风尚。要解决我国道德领域出现的金钱至上、诚信缺失、奢侈浪费、贪污腐败等突出问题，要充分发挥革命道德的精神力量，培育良好的社会道德风尚，净化社会人际关系，抵制各种腐朽思想，树立浩然正气，凝聚崇德向善的正能量。

大学生发扬革命道德、真正体会中国革命道德的本质内涵、历史意义和当代价值，努力在坚持和发展中国特色社会主义伟大进程中创造无愧于时代、无愧于人民、无愧于先辈的业绩。在实现中华民族伟大复兴的中国梦的过程中，大力弘扬中国革命道德仍然具有极其重要的现实意义。第一，有利于加强和巩固社会主义和共产主义的理想和信念。第二，有利于培育和践行社会主义核心价值观。第三，有利于引导人们树立正确的道德观，积极投身于社会主义建设事业。第四，有利于培育良好的社会道德风尚，抵制腐朽思想的侵蚀。

三、借鉴人类文明优秀道德成果

人类文化和文明发展进步的过程表明，一种文化能够通过与其他文化交流碰撞和冲突融合而保持其生命力，是实现自我更新和自我发展的重要条件。因此，一个国家或民族的道德进步，既要注意在文明交流中坚守自身优秀道德传统，也要在文明互鉴中积极吸收其他有益道德成果。借鉴和吸收人类文明优秀道德成果，必须秉承正确的态度和科学的方法。要坚持马克思主义立场、观点、方法，在道德问题上把握好共性和个性、抽象和具体、一般和个别的关系。不同的道德文明体现了各自的生活方式、人生态度、价值信仰和行为方式，但不同民族或国家之间仍然会面临某些共同的问题，形成一些具有共性的道德认识。要坚持以我为主、为我所用，批判继承其他国家的道德成果。在吸取人类优秀道德文明成果的问题上，既要大胆吸收和借鉴人类道德文明的积极成果，又必须掌握好鉴别取舍的标准，善于在吸收中消化人类文明优秀道德成果。

第三节　遵守公民道德准则

教学视频5-3

弘扬社会主义道德,必须坚持以为人民服务为核心、以集体主义为原则,推进社会公德、职业道德、家庭美德、个人品德建设。公民道德建设,对于提高人民思想觉悟、道德水准、文明素养,提高全社会文明程度,具有至关重要的作用。大学生要自觉讲道德、尊道德、守道德,加强品德修养,锤炼道德品质,努力做到向上向善、孝老爱亲,忠于祖国、忠于人民。

"爱国守法、明礼诚信、团结友善、勤俭自强、敬业奉献"的20字公民基本道德规范,体现着我国现代社会生活中的道德精华。其中:爱国守法,是要求公民应该有高尚的爱国主义精神,自觉学法、懂法、守法、护法;明礼诚信,是要求公民的行为举止、待人接物应该文明礼貌,与人交往应该诚实守信,诚恳待人,信守承诺;团结友善,是要求公民之间应该和睦相处,互助友爱,与人为善;勤俭自强,是要求公民应该勤奋工作,俭朴节约,积极进取,发愤图强;敬业奉献,是要求公民应该恪忠职守,兢兢业业,克己奉公,服务社会。公民的各项基本道德规范,所有公民都能理解和认同,也都可以不同程度地做到。公民的各项基本道德规范在内容上相互联系,在公民道德实践中相互作用,交叉渗透。

一、社会主义道德的核心和原则

社会主义道德建设要以为人民服务为核心、以集体主义为原则,这既符合我国社会主义初级阶段道德建设的现实状况,也是社会主义精神文明建设的客观要求。社会主义道德建设是社会主义文化建设的重要内容。中华人民共和国成立以来,特别是改革开放以来,社会主义道德建设不断取得新进展,社会主义道德的核心、原则等也逐步确立,在培养全体人民的道德品质、提高全社会的道德素质、提升整个社会的文明水平方面发挥了重要指导作用。了解社会主义道德的核心和原则,对于大学生践行社会主义道德、锤炼道德品质具有重要意义。

(一)为人民服务是社会主义道德的核心

为人民服务是中国共产党人把马克思主义基本原理与中国革命、建设、改革的具体实践相结合的伟大创造。为人民服务是中国共产党践行的根本宗旨,也是社会主义道德观的集中体现,是全体中国人民共同遵循的道德要求,在协调推进"四个全面"战略布局的过程中,强调社会主义道德建设以为人民服务为核心,具有深刻的理论依据和坚实的实践基础。

1. 为人民服务是社会主义经济基础和人际关系的客观要求。在我国，以公有制为主体和以按劳分配为主体，是为人民服务的根本制度保证，在此基础上逐步形成的团结互助、平等友爱、共同进步的人际关系，是为人民服务的基础。在整个社会生产和生活的过程中，逐步形成团结互助、平等友爱、共同进步的人际关系。

2. 为人民服务是社会主义市场经济健康发展的要求。在社会主义市场经济条件下，应正确处理个人与社会、竞争与协作、效率与公平、先富与共富、经济效益与社会效益等关系，形成健康有序的经济和社会生活规范；自觉积极地为人民服务、为社会服务，更好地使市场主体把自身的特殊利益同国家和人民的共同利益结合起来。

3. 为人民服务是先进性要求和广泛性要求的统一。一个有道德的人，一个具有为人民服务意识的人，必定会有为他人服务、为社会献身的精神。只要一个人对社会、对他人尽了心、尽了力、尽了职，他的言行就具有道德价值。要坚持以人为本，发扬社会主义人道精神，为人民、为社会多做好事，形成体现社会主义优越性、促进经济社会健康有序发展的良好道德风尚。

为人民服务作为社会道德的核心，是社会道德区别和优越于其他社会形态道德的显著标志。大学生践行为人民服务，就是要弘扬为人民服务的精神，尊重人、理解人、关心人，为人民、为社会多做好事、多做贡献。

（二）集体主义是社会主义道德的原则

在我国，国家利益、社会整体利益和个人利益在根本上具有一致性。集体主义已经成为调节国家利益、社会整体利益和个人利益关系的基本原则。集体主义是社会主义道德的原则。

1. 集体主义强调国家利益、社会整体利益和个人利益的辩证统一。在社会中，人既作为个体而存在，又作为集体中的一员而存在，集体和个人是不能分割的。国家、社会的兴衰与个人利益得失息息相关。在现实生活中，国家利益、社会整体利益和个人利益是相辅相成的，不是靠抑制一方来发展另一方，而是要力求做到共同发展。

2. 集体主义强调国家利益、社会整体利益高于个人利益。必须坚持国家利益、社会整体利益高于个人利益的原则，即个人应当以大局为重，使个人利益服从国家利益、社会整体利益，在必要时做出牺牲。社会主义集体主义之所以强调个人利益要服从国家利益、社会整体利益，归根到底，既是为了维护国家、社会的共同利益，最终也是为了维护个人的根本利益。

3. 集体主义重视和保障个人的正当利益。集体主义促进和保障个人正当利益的实现，使个人的才能、价值得到充分的发挥。这是集体主义思想的应有之义。只有在国家、社会中个人才能获得全面发展，才可能有个人自由。集体主义重视个人利益的实现，这是毫无疑义的，但这并不等于说，任何个人不分场合不分时间的利益需求，都应该无条件得到满足。社会主义集体主义所重视和保障的是个人的正当利益。

当代大学生应正确认识和处理国家、集体、个人的利益关系，自觉坚持个人利益服从集体利益、局部利益服从整体利益、当前利益服从长远利益，在遵守基本道德行为准则的基础上，不断追求更高层次的道德目标。

二、社会公德

大学生应当自觉培养公德意识，养成遵守社会公德的良好行为习惯。

（一）社会公德的含义和特点

社会公德是公民在社会交往和社会公共生活中应该遵守的道德准则。它是人类在长期社会生活实践中逐渐积累起来的、为社会交往和社会公共生活所应当遵守的最基本的行为准则，是人类社会生活最基本、最广泛、最一般关系的反映。社会公德是人类社会文明成果的一种沉淀和积累。包括大学生在内的每一个社会成员，都应遵守以文明礼貌、助人为乐、爱护公物、保护环境、遵纪守法为主要内容的社会公德。它具有以下几个特点：

1. 基础性。社会公德是社会道德体系的基础层次，是每个社会成员都应该遵守的最起码的道德准则，是为维护社会公共生活的正常进行而对社会成员提出的最基本的道德要求。每个社会成员都应该遵守社会公德，具备社会公德的基本素养。

2. 全民性。社会公德是社会全体成员都必须遵守的道德规范，具有最广泛的群众性和适用范围。在社会公共生活中，任何一个社会成员，无论具有何种身份、从事何种职业、处在何种地位，都必须遵守社会公德。

3. 相对稳定性。社会公德是人类世世代代在共同生活、相互交往中形成的，是调整公共生活中最一般关系的经验和智慧的结晶。公共生活中的最一般关系，在不同时代、不同社会形态里都存在着，因而，调整这种关系的社会公德在历史上与其他各种道德分支相比，具有更多的稳定性。

（二）公共生活与公共秩序

公共生活是相对于私人生活而言的。在公共生活中，一个人的行为必定与他人发生直接或间接的联系，具有鲜明的开放性和透明性，对社会的影响更为直接和广泛。当今世界，公共生活的领域更为广阔，公共生活的重要性更加凸显。公共生活具有以下四个方面的特征：

1. 活动范围的广泛性。公共生活的场所和领域不断扩展、空间不断扩大，特别是网络使公共生活进一步扩展到虚拟世界。

2. 活动内容的开放性。公共生活是由社会成员共同参与、共同创造的公共空间，它涉及的活动内容是开放的。

3. 交往对象的复杂性。随着科学技术的迅猛发展，人们在公共生活中的交往对象不再局限于熟识的人，而是进入公共场所的任何人，这就增加了人际交往信息的不对称性和行为后果的不可预期性。

4. 活动方式的多样性。当代社会的发展使人们的生活方式发生了新的变化，人们可以根据自身的需要及年龄、兴趣、职业、经济条件等因素，选择和变换参与公共生活的具体方式。

公共生活需要公共秩序。秩序是由社会生活中的规范来制约和保障的，公共秩序是由一定规范维系的人们公共生活的一种有序化状态，如工作秩序、教学秩序、交通秩序、娱乐秩序、网络秩序等。公共生活领域越扩大，对公共秩序的要求就越高。有序的公共生活是社会生产活动的重要基础，是提高社会成员生活质量的基本保障，更是社会文明的重要标志。

（三）公共生活中的道德规范

社会公德是指人们在社会交往和公共生活中应该遵守的行为准则，是维护公共利益、公共秩序、社会和谐稳定的起码的道德要求，涵盖了人与人、人与社会、人与自然之间的关系。大学生都应遵守以文明礼貌、助人为乐、爱护公物、保护环境、遵纪守法为主要内容的社会公德。

1. 文明礼貌。大学生应当自觉讲文明、懂礼貌、守礼仪，塑造真诚待人、礼让宽容的良好形象。这是调整和规范人际关系的行为准则，与我们每个人的日常生活密切相关。

2. 助人为乐。把帮助他人视为自己应做之事，是每个社会成员应有的社会公德，是有爱心的表现。大学生应当尽自己的努力帮助他人，积极参与公益事业，以力所能及的方式关心和关爱他人，并在对他人的关心和帮助中收获实现人生价值的快乐。

3. 爱护公物。对社会共同劳动成果的珍惜和爱护,是每个公民应该承担的社会责任和义务,它既显示出个人的道德修养水平,也是社会文明水平的重要标志。大学生要增强社会主人翁责任感,珍惜国家、集体财产,爱护公物,特别要保护社会公用设施,坚决同损害公共财产、破坏公物的行为作斗争。

4. 保护环境。人类发展活动必须尊重自然、顺应自然、保护自然,否则就会遭到大自然的报复。生态环境保护是功在当代、利在千秋的事业。大学生要像对待生命一样对待生态环境,身体力行,倡导简约适度、绿色低碳的生活方式,为留下天蓝、地绿、水清的生产生活环境,为建设美丽中国做出自己应有的贡献。

5. 遵纪守法。全面依法治国需要每个人都遵纪守法,树立规则意识。大学生应当全面了解公共生活领域中的各项法律法规,熟知校纪校规,牢固树立法治观念,以遵纪守法为荣,以违法乱纪为耻,自觉遵守有关的纪律和法律。

(四)提出和倡导公民基本道德规范的意义

公民基本道德规范体现了社会主义道德建设的要求。公民基本道德规范的提出,反映了现代社会生活、历史条件的变化,体现了历史传统与时代精神的有机结合,既继承与弘扬了中国优良道德传统和中国革命道德传统,又体现了新的时代条件下对道德建设的要求,并对当前社会主义道德建设中亟需解决的问题有强烈的针对性,丰富和拓展了社会主义道德体系的内容。

公民基本道德规范是对公民道德要求的高度概括。公民基本道德规范,有利于调节个人与个人、个人与社会、个人与国家的基本关系,是深入进行公民道德教育的基础。公民基本道德规范有利于对公民进行道德教育,可以引导每个公民遵守基本行为准则,使公民提高道德素质,锤炼道德品质;有利于营造扶正祛邪、扬善惩恶的社会风气,培养有理想、有道德、有文化、有纪律的社会主义公民。

(五)网络生活中的道德要求

互联网是一个社会信息大平台,亿万网民在上面获得信息、交流信息,这既会影响人们的求知途径、思维方式、价值观念,也会影响人们对国家、社会、人生的看法。网络生活中的道德要求，是人们在网络生活中为了维护正常的网络公共秩序需要共同遵守的基本道德准则，是社会公德在网络空间的运用和扩展。大学生应当遵守网络生活中的道德要求，成为营造清朗网络空间的正能量。

1. 正确使用网络工具。大学生应当正确使用网络，提高信息的获取能力，加强信息的辨识能力，增进信息的应用能力，使网络成为开阔视野、提高能力的重要工具。

2. 健康地进行网络交往。大学生应通过网络开展健康有益的人际交往，树立自我保护意识，不要轻易相信网友，避免受骗上当，避免给自己的人身和财产安全带来危害。

3. 自觉避免沉迷网络。大学生应当合理安排上网时间，约束上网行为，避免沉迷网络。

4. 加强网络道德自律。大学生应当在网络生活中培养自律精神，在缺少外在监督的网络空间里，做到自律而“不逾矩”，促进网络生活的健康与和谐。

5. 积极引导网络舆论。大学生应当带头引导网络舆论，对模糊认识要及时廓清，对怨气怨言要及时化解，对错误看法要及时引导和纠正，积极营造清朗网络空间。

三、职业道德

教学素材5-3

职业生活是人类生活中最普遍、最基本的活动方式。随着现代社会分分工的发展和专业化程度的提高，市场竞争日趋激烈，整个社会对从业人员职业观念、职业态度、职业纪律和职业作风的要求越来越高。职业生活中的道德规范，不仅对各行各业的从业者具有引导和约束作用，而且也是促进社会持续、健康、有序发展的必要条件。

(一)职业生活与劳动观念

职业生活是人们参与社会分工,用专业的技能和知识创造物质财富或精神财富,获取合理报酬,丰富社会物质生活或精神生活的生活方式。

正确的劳动观念是维系人们职业活动和职业生活的思想观念保障。在职业生活中,必须牢固树立“劳动最光荣、劳动最崇高、劳动最伟大、劳动最美丽”的观念,通过劳动创造更加美好的生活。

(二)职业生活中的道德规范

职业道德,是指从事一定职业的人在职业生活中应当遵循的具有职业特征的道德要求和行为准则,爱岗敬业、诚实守信、办事公道、服务群众和奉献社会是职业生活中的基本道德规范。

1. 爱岗敬业。这是从业者热爱自己的工作岗位、对工作极端负责、敬重自己所从事职业的道德操守,是从业者对工作勤奋努力、恪尽职守的行为表现。爱岗敬业就是要干一行爱一行,爱一行钻一行,精益求精,尽职尽责。

2. 诚实守信。诚实守信既是做人的准则,也是对从业者的道德要求。是指从业人员在职业活动中诚实劳动,合法经营,信守承诺,讲求信誉,体现从业者的道德操守和人格力量。

3. 办事公道。就是要求从业人员做到公平、公正,不损公肥私,不以权谋私,不假公济私。在职业生活中,无论对人对己都要出于公心,遵守道德和法律规范来处事待人。

4. 服务群众。为人民服务是社会主义道德的核心,各行各业的从业人员都要以服务群众为目标。

5. 奉献社会。奉献社会就是要求从业人员在自己的工作岗位上兢兢业业地为社会和他人做贡献。

(三)大学生树立正确的择业观和创业观

就业是最大的民生。就业牵涉大学生自身和千家万户的利益,也影响国家和社会的发展。每个大学生都要面临就业的现实。树立正确的择业观和创业观,对于大学生顺利走进职业生活具有重要的现实意义。

1. 树立崇高的职业理想。职业活动不仅是人们谋生的手段,也是人们奉献社会、完善自身的必要条件。崇高的职业理想是大学生择业和创业的追求。

2. 服从社会发展的需要。择业和创业固然要考虑个人的兴趣和意愿，同时也要充分考虑现实的可能性和社会的需要，把自己对职业的期望与社会的需要、现实的可能结合起来。大学生应该积极响应国家号召，适应社会发展需求，面向基层、面向国家建设第一线去选择自己未来的职业，为经济社会发展贡献智慧和力量。

3. 做好充分的择业准备。素质是立身之基，技能是立业之本。大学生有了真才实学，才能在未来适应多种岗位。任何一名劳动者，无论从事的劳动技术含量如何，只要兢兢业业、精益求精，就一定能够造就闪光的人生。

4. 培养创业的勇气和能力。创业是通过发挥自己的主动性和创造性，开辟新的工作岗位、拓展职业活动范围、创造新业绩的实践过程。大学生不仅要树立正确的择业观，还应当树立正确的创业观。要有积极创业的思想准备，积极关注经济社会发展的趋势，了解国家鼓励大学生自主创业的有关政策，为今后自主创业打下良好的基础。大学生不仅要树立正确的择业观，还应当树立正确的创业观。要充分考虑自身的条件、创业的环境等各种现实的因素，努力提高自主创业的能力。

（四）自觉遵守职业道德

职业道德的含义和特点。职业道德是从业人员在一定的职业活动中应遵循的、具有自身职业特征的道德要求和行为准则。职业道德是社会道德体系的重要组成部分，又是具有相对独立性的特殊领域。职业道德具有以下几个基本特点：

1. 规范性和专业性。职业道德是基于一定职业的特殊需要以及与社会联系的特定方式所产生的对本职业行为规范的基本要求。因为职业产生于社会分工，所以任何一个职业都有与其他职业不同的性质和任务。每种职业都有各自的服务内容，有不同的服务对象和各种不同的职业要求。各种职业的职业道德的具体内容是不同的，具有很强的专业性。所有从业人员都要严格按照各自职业的规范去调适自己的行为。可见，职业道德具有明显的规范性和专业性特点。

2. 可操作性与准强制性。职业道德在调整职业活动中形成的特殊关系时，作为一种观念形态的东西，并不单纯地表现为抽象的理论或一些原则性的规定，而是从各职业从业人员的道德实践中概括提炼出一些具体明确的道德要求，往往采取诸如制定制度、章程、守则、公约、誓词、条例等简洁实用、生动明快的形式表现出来，用以约束和激励该职业的从业人员。这种对从业人员道德要求的明确规定非常具体，具有很强的可操作性。同时，这种道德要求又与行政纪律结合起来，如有违反，还会受到一定的经济制裁以及行政纪律制裁，这就使得职业道德不仅仅是一种软约束，而且具有一定程度的强制性。

3. 相对稳定性和连续性。由于人们的职业生活代代相传，具有历史的连续性和相对稳定性，因此，职业道德比起其他行为规范来说更加具有稳定性和连续性。职业道德本身是从该职业的特性和要求中引申出来的，是一定要同该职业的生活、需要和系统相结合，并要考虑到该职业的工作对象或服务对象的要求，所以在内容和结构上就会具有较强的稳定性和连续性。职业道德内在的稳定性和连续性特点，反映在从事不同职业的人们道德风貌、道德心理和道德行为的差异中。因为长期的特定职业实践，逐渐形成了比较稳定的职业传统习惯、比较稳定的职业行为准则、比较特殊的职业心理和品格。

四、家庭美德

注重家庭、注重家教、注重家风，遵守恋爱、婚姻家庭生活中的道德规范，树立正确的恋爱观和婚姻观，处理好复杂的感情和人际关系，有利于大学生的健康成长、顺利成才。事业成功，往往与美好的爱情和美满的婚姻家庭密切相关。从恋爱到缔结婚姻和建立家庭，是人生需要经历的阶段。

（一）注重家庭、家教、家风

家庭是社会的基本细胞，是人生的第一所学校。不论时代发生多大变化，生活格局发生多大变化，都要重视家庭建设，注重家庭、家教、家风。

1. 注重家庭。家庭和睦则社会安定，家庭幸福则社会祥和，家庭文明则社会文明。历史和现实告诉我们，家庭的前途命运同国家和民族的前途命运紧密相连。

2. 注重家教。家庭是人生的第一个课堂，父母是孩子的第一任老师。家庭教育涉及很多方面，但最重要的是品德教育，是如何做人的教育。家庭环境对下一代的影响很大，往往可以影响一个人的一生。

3. 注重家风。家风是指一个家庭或家族的传统风尚或作风。良好的家风，对家庭成员的个人修养产生着重要的作用，也对整个社会道德风尚的形成产生着重要的影响。大学生要继承和弘扬优良家风，促进家庭和谐。

千千万万个家庭是国家发展、民族进步、社会和谐的重要基点，是人们梦想启航的地方。当代大学生应该积极参与家庭文明建设，推动形成爱国爱家、相亲相爱、向上向善、共建共享的社会主义家庭文明新风尚。

（二）恋爱、婚姻家庭中的道德规范

爱情是一个古老而常新的话题，爱情是一对男女基于一定的社会基础和共同的生活理想，在各自内心形成的相互倾慕并渴望对方成为自己终身伴侣的一种强烈、纯真、专一的感情。男女双方培养爱情的过程或在爱情基础上进行的相互交往活动，就是人们日常所说的恋爱。恋爱作为一种人际交往，也必然要受到道德的约束。恋爱是建立幸福婚姻家庭的前奏，恪守恋爱中的道德规范关系到未来婚姻家庭生活的幸福。

恋爱中的道德规范主要有尊重人格平等、自觉承担责任和文明相亲相爱。

1. 尊重人格平等。恋爱的双方在人格上都是独立的，如果把对方当作自己的附庸或依附对方而失去自我，都是对爱情实质的曲解。恋爱双方在相互关系上是平等的，都有给予爱、接受爱和拒绝爱的自由。放纵自己的情感，束缚或强迫对方，都不符合恋爱的道德要求。

2. 自觉承担责任。自愿地为对方承担责任，是爱情本质的体现。爱一个人或接受一个人的爱，就要自觉地为对方承担责任。责任常常体现在生活的点点滴滴之中，责任的担当是需要见诸行动的自觉。

3. 文明相亲相爱。文明的恋爱往往是恋爱双方既相互爱慕、亲近，又举止得体、相互尊重。恋人在公共场所出入，要遵守社会公德，不要对他人生活和公共生活造成不良影响。

婚姻是指由法律所确认的男女两性的结合以及由此而产生的夫妻关系。家庭是指在婚姻关系、血缘关系或收养关系基础上产生的亲属之间所构成的社会生活单位。婚姻是家庭产生的重要前提，家庭又是缔结婚姻的必然结果。婚姻的成功体现为家庭的幸福，家庭的美满又彰显出婚姻的意义。家庭美德以尊老爱幼、男女平等、夫妻和睦、勤俭持家、邻里团结为主要内容，在维系和谐美满的婚姻家庭关系中具有重要而独特的功能。

1. 尊老爱幼。尊老爱幼是中华民族优良的传统美德。子女要孝敬、赡养父母及长辈，父母要抚育、爱护子女，这不仅是每个公民必须遵守的道德准则，也是应尽的社会责任和法律义务。要保护老人、儿童的合法权益，坚决反对虐待、遗弃老人和儿童的行为。

2. 男女平等。家庭生活中的男女平等既表现为夫妻权利和义务上的平等、人格地位上的平等，又表现为平等地对待自己的子女。坚持男女平等，特别要尊重和保护妇女的合法权益，反对歧视和迫害妇女的行为。

3. 夫妻和睦。夫妻关系是家庭关系的核心。夫妻和睦是在男女平等基础上的互敬互爱、互助互让。

4. 勤俭持家。勤俭是家庭兴旺的保证，也是社会富足的保证。勤俭持家既要勤劳致富，也要量入为出。大学生要尊重父母劳动所得，体谅父母的辛苦操劳，在日常生活中注意节俭，尽量减轻父母和家庭的生活负担，这就是对父母和家庭最实际的贡献。

5. 邻里团结。邻里团结重要的是相互尊重，尊重对方的人格、民族习惯、生活方式、兴趣爱好等，做到互谅互让，互帮互助，宽以待人，团结友爱。

（三）树立正确的恋爱观与婚姻观

大学时代处理好恋爱中的各种关系，是对爱情的祝福，也是对自己的祝福，更是对未来人生幸福的祝福。

1. 不能误把友谊当爱情。有些同学在与异性的交往中，不能准确区分友谊与爱情两种性质不同的感情体验，给双方增添许多烦恼。异性之间要理智地把握好友谊与爱情的界限，异性之间完全可以建立和保持健康的友谊。

2. 不能错置爱情的地位。有些同学把爱情放在人生最高的地位，奉行爱情至上主义，沉湎于感情缠绵之中。这样的恋爱观，很容易导致对人生目标的误解，对需要将主要精力用于学习上的大学生来说危害尤大。

3. 不能片面或功利化地对待恋爱。无论是在自己心中勾画出一个脱离现实的恋爱偶像，还是只追求外在形象，或者只看重对方的经济条件，或者仅仅把恋爱看成是摆脱孤独寂寞的方式，都无法产生真挚的感情，也得不到真正的爱情。

4. 不能只重过程不顾后果。责任是爱情得以长久的重要保障，是坚贞爱情的试金石。自愿担当的责任，丰富了爱情的内涵，提升了爱情的境界。

5. 不能因失恋而迷失人生方向。恋爱成功与失败都是正常现象。大学生应该正确对待失恋，做到失恋不失志，失恋不失德，不影响学业和生活，不丧失对爱的憧憬和追求。

树立正确的恋爱观，大学生还要处理好这样几种关系：

1. 恋爱与学习的关系。学习是大学生的主要任务，大学生应把爱情作为奋发学习的动力，同时还应把是否有利于促进学习作为衡量爱情价值的一个重要而特殊的标准。

2. 恋爱与关心集体的关系。恋爱中的双方不应把自己禁锢在两个人的世界中。脱离集体，疏远同学，会妨碍自身的全面发展与进步。

3. 恋爱与关爱他人和社会的关系。爱的情感丰富博大，不仅有恋人之爱，还有对父母之爱、对兄弟姐妹之爱、对社会和国家之爱。

五、个人品德

个人品德在社会道德建设中具有基础性作用。在现实生活中，社会公德、职业道德和家庭美德的状况，最终都是以每个社会成员的道德品质为基础的。社会公德、职业道德和家庭美德建设，最终都要落实到个人品德的养成上。

（一）个人品德及其作用

个人品德是通过社会道德教育和个人自觉的道德修养所形成的稳定的心理状态和行为习惯。它是个体对某种道德要求认同和践履的结果，集中体现了道德认知、道德情感、道德意志、道德信念和道德行为的内在统一。大学生要自觉践行爱国奉献、明礼守法、厚德仁爱、正直善良、勤劳勇敢等个人品德要求，不断提升个人的道德修养和境界。无论是社会的和谐有序，还是个人的人格健全，都有赖于个人品德的不断提升。

1. 个人品德对道德和法律作用的发挥具有重要的推动作用。个人品德是道德和法律作用发挥的推动力量。社会道德和法律要求只有内化为个人品德，才能成为现实的规范力量。同时，个人品德提升的过程也是能动地作用于社会道德和法律的过程，它能够为社会道德和法律的发展进步创造条件、提供动力。

2. 个人品德是个体人格完善的重要标志。在个人的素质结构中，个人品德是一个非常重要的组成部分，才智等其他素质的完善和成就，也离不开品德力量的支持。

3. 个人品德是经济社会发展进程中重要的主体精神力量。个人品德的提升，不但直接成为社会道德水平的有机组成部分，而且还可以通过自身的影响和带动，为社会道德更大程度的发展进步开辟道路、提供动力。

(二)掌握道德修养的正确方法

个人品德需要不断地通过道德修养加以提升。道德修养作为人类道德实践活动的重要形式之一，是指个体自觉地将一定社会的道德规范、准则及要求内化为内在的道德品质，以促进人格的自我陶冶、自我培育和自我完善的实践过程。加强道德修养，提升个人品德，应借鉴历史上思想家们所提出的各种积极有效的方法，并结合当今社会发展的需要身体力行。

1. 学思并重。学思并重的方法，即通过虚心学习，积极思索，辨别善恶，学善戒恶，以涵养良好的德性。

2. 省察克治。省察克治的方法，即通过反省检验以发现和找出自己思想与行为中的不良倾向，并及时对它们进行抑制和克服。

3. 慎独自律。慎独自律的方法，即在无人知晓、没有外在监督的情况下，坚守自己的道德信念，自觉按道德要求行事，不因无人监督而恣意妄为。

4. 积善成德。积善成德的方法，即通过积累善行或美德，使之巩固强化，以逐渐凝结成优良的品德。

加强个人品德修养不可能一蹴而就，更不可能一劳永逸。按照有效的品德修养方法去做，并长期坚持下去，才能使自己不断进步、不断完善，从而成为品德高尚的人。

(三)锤炼高尚道德品格

习近平同志强调："必须加强全社会的思想道德建设，激发人们形成善良的道德意愿、道德情感，培育正确的道德判断和道德责任，提高道德实践能力尤其是自觉践行能力。"大学生锤炼高尚道德品格，就要在知、情、意、信、行等方面加强道德修养，提高道德实践能力，自觉讲道德、尊道德、守道德，自觉明大德、守公德、严私德。

1. 形成正确的道德认知和道德判断。大学生应注重增强道德判断能力，学会理性地辨析、讲求道德，形成正确的道德认知和道德观念。形成正确的道德认知和道德判断，最根本的就是要坚持以唯物史观的基本原理来看待道德。

2. 激发正向的道德认同和道德情感。大学生在道德修养中激发正向的道德认同与道德情感，具体而言就是要自觉涵育对家庭成员的亲亲之情，对他人、集体的关心关爱，增强社会责任感、国家认同感、民族归属感、时代使命感，在与祖国同呼吸、与民族同步伐、与人民心连心的高尚情怀中，陶冶道德情操。

3. 强化坚定的道德意志和道德信念。大学生需要明白从善如登的深刻道理，磨炼道德意志，坚定道德信念，学会克服学习、生活、交往、成长中的各种困难和挫折，远离干扰、避免懈怠、战胜诱惑，在砥砺中前行，在拼搏中进取，并做到持之以恒、久久为功，从而成就高尚的道德品格。新时代的大学生，要有为国家民族奋斗、为人类事业献身的情怀和担当，不懈追求共产主义的崇高道德信念和高尚道德境界。

第四节　向上向善、知行合一

教学视频5-4

大学生投身崇德向善的道德实践，就要向道德模范学习，培养志愿服务精神，大力弘扬时代新风，强化社会责任意识、规则意识、奉献意识。

一、向道德模范学习

教学素材5-4

道德模范主要是指思想和行为能够激励人们不断向善且为人们所崇敬、模仿的先进人物。道德模范既包括在一定社会道德实践中涌现的符合特定道德理想类型的人物,又包括人们日常生活中能够近距离感受的具有积极道德影响的人物。学习道德模范的高尚品格和先进事迹,有利于提升全体社会成员的道德素质和社会整体道德水平。大学生要向道德模范学习,崇德向善、见贤思齐,弘扬真善美,传播正能量。

二、参与志愿服务活动

志愿服务是指志愿贡献个人的时间及精力,在不求任何物质报酬的情况下,为改善社会、促进社会进步而提供的服务。志愿服务是培育和弘扬社会主义核心价值观的重要载体。我国各地各有关部门把志愿服务与学雷锋活动有机结合,形成了志愿服务的中国特色,促进了志愿服务的制度化、常态化,推动志愿服务队伍规模不断壮大。

三、引领社会风尚

良好的社会风尚是人们在社会道德实践中逐渐形成起来的。大学生投身崇德向善的道德实践,要弘扬真善美、贬斥假恶丑,做社会主义道德的示范者和引领者,促成知荣辱、讲正气、作奉献、促和谐的社会风尚。

(一)知荣辱

荣辱观对个人的思想行为具有鲜明的动力、导向和调节作用。社会风尚同荣辱观紧密相连,两者相互影响、相互作用。

(二)讲正气

讲正气,就是坚持真理、坚持原则,坚持同一切歪风邪气作斗争。

(三)作奉献

奉献精神是社会责任感的集中表现。奉献是以职业与事业为人生目标的。爱岗敬业是奉献精神,以服务国家科学技术创新进步或捍卫国家安全为己任也是奉献精神。

(四)促和谐

民主法治、公平正义、诚信友爱、充满活力、安定有序、人与自然和谐相处的社会,是国家富强、民族复兴、人民幸福的重要保证。

大学生要以高度的主人翁精神，积极参与各种精神文明创建活动，为家庭谋幸福、为他人送温暖、为社会做贡献，不断引领社会风尚，提升道德品质。

同步训练　　考研真题　　章节资料

第六章　尊法学法守法用法

PPT

第一节　社会主义法律的特征和运行

教学视频6-1

一、法律及其历史发展

（一）法律的概念

法律是由国家制定或认可并以国家强制力保证实施的，反映由特定社会物质生活条件所决定的统治阶级意志的规范体系。

(二)法律的历史发展

法律是随着私有制、阶级和国家的产生而产生,也将随着私有制、阶级和国家的消亡而消亡。法律作为上层建筑的重要组成部分,其基本内容和性质总是与所在社会的生产关系相适应的。奴隶制法律、封建制法律、资本主义法律都是建立在私有制经济基础上的剥削阶级类型法律,而社会主义法律是人类历史上唯一以公有制为基础的新型法律制度。

奴隶制法律是奴隶主阶级专政的国家意志的表现,是奴隶主阶级对广大奴隶实行统治的工具。封建制法律是封建地主阶级意志的体现,是统治农民阶级的工具,维护封建地主阶级的共同利益。资本主义法律是资产阶级共同意志的体现,是统治工人阶级和其他劳动人民的工具,其根本任务是维护资产阶级的政治、经济和社会秩序。社会主义法律是最广大人民群众意志的集中体现,是实现人民当家作主、实行人民民主专政的重要保证。社会主义法律反映了社会主义生产关系的本质要求,为实现普遍意义的平等、自由奠定了坚实基础,开辟了广阔空间,实现了对历史上各种类型法律制度的超越。

二、我国社会主义法律的本质特征

我国社会主义法律是中国特色社会主义制度的重要组成部分,是党领导人民当家作主的制度保障。我国社会主义法律体现了党的主张和人民意志的统一。我国社会主义法律既具有鲜明的阶级性,又具有广泛的人民性,党领导人民制定宪法法律,党领导人民实施宪法法律,党自身必须在宪法法律范围内活动,这就是党的领导力量的体现,也是我国社会主义法律最本质特征的具体表现。我国社会主义法律具有科学性和先进性。从本质上说,我国社会主义法律更能尊重和反映社会发展规律,具有科学性和先进性。我国法律坚持马克思主义世界观和方法论,并指导人们在法律实践中尊重和反映客观规律。我国法律适应时代发展要求,改革创新立法体制、立法程序、立法技术,使立法的质量和水平不断提高。我国社会主义法律是中国特色社会主义建设的重要保障。法的社会作用是从法在社会生活中要实现的目的角度来认识的。我国法律的社会作用体现了社会主义的本质要求,经济发展、政治清明、文化昌盛、社会公正、生态良好,都离不开社会主义法律的引领、规范和保障。

三、我国社会主义法律的运行

教学视频6-2

法的生命在于运行，法律的运行是一个从法的制定到实施的过程。这个过程主要包括法律制定、法律执行、法律适用、法律遵守等环节。

法律制定（立法）。法律制定是指有立法权的国家机关，依照法定职权和程序、制定规范性法律文件的活动，是法律运行的起始性和关键性环节。我国立法贯穿公正、公平、公开原则，坚持科学立法、民主立法、依法立法，表达人民的共同意志和诉求。立法活动必须遵循法定程序，就全国人民代表大会的立法程序而言，大体包括法律案的提出、法律案的审议、法律案的表决和法律的公布四个环节。

法律执行（执法）。我国大部分的法律法规都是由行政机关执行的，行政执法的主体通常是国家行政机关及其公职人员。我国行政执法的主体大体分为两类：一是中央和地方各级政府，包括国务院和地方各级人民政府；二是各级政府中享有执法权的下属行政机构。此外，法律授权的社会组织、行政机关依法委托的社会组织可以在一定范围内执行法律。

法律适用（司法）。在我国，司法机关是指国家审判机关和检察机关。司法的基本要求是正确、合法、合理、及时。司法原则主要有：司法公正；公民在法律面前一律平等；以事实为依据，以法律为准绳；司法机关依法独立公正行使司法权等。

法律遵守（守法）。守法意味着一切组织和个人严格依法办事的活动和状态。依法办事，就是依法享有并行使权利、依法承担并履行义务。守法是法律实施和实现的基本途径。一切组织和个人都必须遵守宪法和法律，任何公民享有宪法和法律规定的权利，同时必须履行宪法和法律规定的义务。

第二节　以宪法为核心的中国特色社会主义法律体系

教学视频6-3

一、宪法是国家的根本法

宪法是国家的根本大法，规定了政府的权力和职责，并保证给予人民一定的权利和规定了人民应尽的义务。我国宪法确认了党领导人民长期奋斗取得的辉煌成果，规定了人民民主专政国家政权的性质和根本制度，明确了国家未来建设发展的根本任务和总的目标，是党的指导思想、中心工作、基本原则、重大方针、重要政策在国家法制上的最高体现。

（一）我国宪法的形成和发展

我国现行宪法可以追溯到1949年具有临时宪法作用的《中国人民政治协商会议共同纲领》和1954年第一届全国人民代表大会第一次会议通过的《中华人民共和国宪法》。党的十一届三中全会开启了改革开放历史新时期，发展社会主义民主、健全社会主义法制成为党和国家坚定不移的方针。我国现行宪法即1982年宪法就是在这个历史背景下产生的。这部宪法深刻总结了我国社会主义建设正反两方面经验，适应我国改革开放和社会主义现代化建设、加强社会主义民主法制建设的新要求，确立了党的十一届三中全会之后的路线方针政策，把集中力量进行社会主义现代化建设规定为国家的根本任务，就社会主义民主法制建设作出一系列规定，为改革开放和社会主义现代化建设提供了有力法制保障。

宪法只有不断适应新形势、吸纳新经验、确认新成果,才能具有持久生命力。1988年、1993年、1999年、2004年,全国人民代表大会分别对我国宪法个别条款和部分内容作出必要的也是十分重要的修正,使我国宪法在保持稳定性和权威性的基础上紧跟时代前进步伐,不断与时俱进。

2018年3月,第十三届全国人民代表大会第一次会议根据党的十九届二中全会提出的建议,审议通过了《中华人民共和国宪法修正案》。通过本次宪法修改,党的十九大确定的重大理论观点和重大方针政策,党和国家事业发展的新成就新经验新要求,包括习近平新时代中国特色社会主义思想、把我国建设成为富强民主文明和谐美丽的社会主义现代化强国、实现中华民族伟大复兴、中国共产党领导是中国特色社会主义最本质的特征、倡导社会主义核心价值观、确立宪法宣誓制度、完善国家主席任期制度、深化国家监察体制改革等载入国家根本法。这对于全面贯彻党的十九大精神和习近平新时代中国特色社会主义思想,深化依法治国、依宪治国,在法治轨道上更好坚持和发展中国特色社会主义,广泛动员和组织全国各族人民夺取新时代中国特色社会主义伟大胜利,具有重大而深远的意义。

(二)我国宪法的地位

宪法在我国的法律体系中具有最高的法律地位,是国家的根本大法,是统治阶级意志和利益的根本体现,同时又是国家法律体系的重要组成部分。我国宪法确立了中国特色社会主义道路、中国特色社会主义理论体系、中国特色社会主义制度、中国特色社会主义文化的发展成果,反映了我国各族人民的共同意志和根本利益,成为党和国家的指导思想、中心工作、基本原则、重大方针、重要政策在国家法制上的最高体现。

第一,我国宪法是国家的根本法,是治国安邦的总章程,是党和人民意志的集中体现。实践证明,我国现行宪法是符合国情、符合实际、符合时代发展要求的好宪法,是充分体现人民共同意志、充分保障人民民主权利、充分维护人民根本利益的好宪法,是推动国家发展进步、保证人民创造幸福生活、保障中华民族实现伟大复兴的好宪法,是始终沿着中国特色社会主义道路前进的根本法治保障。

第二,我国宪法是国家各项制度和法律法规的总依据。我国宪法具有最高的法律地位、法律权威、法律效力,具有根本性、全局性、稳定性、长期性。一切法律、行政法规、地方性法规的制定都必须以宪法为依据,遵循宪法的基本原则,不得与宪法相抵触。

第三，我国宪法规定了国家的根本制度。我国宪法确立了工人阶级领导的、以工农联盟为基础的人民民主专政的国体，确立了社会主义制度是中华人民共和国的根本制度，确立了人民代表大会制度的政体，确立了中国共产党领导的多党合作和政治协商制度、民族区域自治制度以及基层群众自治制度，确立了公有制为主体、多种所有制经济共同发展的基本经济制度和按劳分配为主体、多种分配方式并存的分配制度。

（三）我国宪法的基本原则

宪法的基本原则是贯穿于宪法规范始终，对宪法的制定、修改、实施、遵守等环节起指导作用的基本准则。我国宪法的基本原则主要有：

第一，党的领导原则。中国共产党是中国特色社会主义事业的领导核心。党的领导是人民当家作主的根本保证，是中国特色社会主义最本质的特征，是中国特色社会主义制度最大优势。中国共产党执政就是党领导、支持、保证人民当家作主，最广泛地动员和组织人民群众依法管理国家和社会事务，管理经济和文化事业，维护和实现最广大人民的根本利益。

第二，人民主权原则。在我国，强调国家的一切权力属于人民。这一原则在宪法中的表现是多方面的：宪法通过确认我国人民民主专政的国体，保障了广大人民群众在国家中的主人翁地位；通过确认以公有制为主体、多种所有制经济共同发展的基本经济制度，为人民当家作主奠定了经济基础；通过确认人民代表大会制度的政体，为人民当家作主提供了组织保障；通过确认广大人民依照法律规定，通过各种途径和形式，管理国家事务，管理经济和文化事业，管理社会事务的权利，把人民当家作主贯彻于国家和社会生活各个领域。

第三，尊重和保障人权原则。我国宪法规定公民享有人身权、财产权、社会保障权、受教育权等权利和宗教信仰、言论出版、集会结社、游行示威等自由。由于国家机关和国家工作人员侵犯公民权利而受到损失的人，有依照法律规定取得赔偿的权利。

第四，社会主义法治原则。社会主义法治原则要求坚持宪法法律至上、法律面前人人平等，推进国家各项工作法治化，维护社会公平正义，维护社会主义法制的统一、尊严、权威。任何组织和个人都要在宪法和法律范围内活动，一切违法行为都应受到法律的追究。

第五，民主集中制原则。广大人民的共同意志通过民主形式集中起来，并通过法定程序上升为国家意志。国家行政机关、监察机关、审判机关、检察机关都由人民代表大会产生,对它负责,受它监督。中央和地方国家机构职权的划分及其活动,遵循在中央统一领导下,充分发挥地方的主动性、积极性的原则。

(四)我国宪法确立的制度

我国宪法确认的社会主义制度主要包括:

第一,国体和根本政治制度。我国宪法规定:"中华人民共和国是工人阶级领导的、以工农联盟为基础的人民民主专政的社会主义国家。"国体是指社会各阶级在国家生活中的地位和作用。人民民主专政是我国的国体。

人民代表大会制度是我国的根本政治制度。人民代表大会制度是我国的政权组织形式。政权组织形式,又称政体,是指掌握国家权力的阶级实现国家权力的政权体制,是形成和表现国家意志的方式。国体决定政体,政体体现国体。

第二,基本政治制度。我国宪法确立的基本政治制度,主要有中国共产党领导的多党合作和政治协商制度、民族区域自治制度和基层群众自治制度。

首先,中国共产党领导的多党合作和政治协商制度。我国宪法规定:"中国共产党领导的多党合作和政治协商制度将长期存在和发展。"这一制度符合中国国情,反映了中国共产党同各民主党派长期共存、互相监督、肝胆相照、荣辱与共的关系。中国人民政治协商会议是中国共产党领导的多党合作和政治协商的重要机构,是我国政治生活中发扬社会主义民主的重要形式。

其次,民族区域自治制度。我国宪法规定:"中华人民共和国是全国各族人民共同缔造的统一的多民族国家。"它可以保证少数民族当家作主,更好地管理本民族的内部事务;它可以促进少数民族地区尽快地发展,促进全国各民族的共同繁荣昌盛;它可以促进民族团结,保证国家的统一,有利于加强边疆建设和巩固国防。民族区域自治制度是中国共产党和各族人民的一个伟大创造。

最后,基层群众自治制度。基层群众自治制度是城乡基层群众在党的领导下,依法直接行使民主权利,管理基层公共事务和公益事业,实行自我管理、自我服务、自我教育、自我监督的一项基本政治制度。基层群众自治是基层民主的主要实现形式,是人民当家作主最有效、最广泛的途径。

第三,基本经济制度。基本经济制度是指一国通过宪法和法律调整以生产资料所有制为核心的各种基本经济关系的规则、原则和政策的总和。我国宪法规定："中华人民共和国的社会主义经济制度的基础是生产资料的社会主义公有制，即全民所有制和劳动群众集体所有制。社会主义公有制消灭人剥削人的制度，实行各尽所能、按劳分配的原则。"同时还规定："国家在社会主义初级阶段，坚持公有制为主体、多种所有制经济共同发展的基本经济制度，坚持按劳分配为主体、多种分配方式并存的分配制度。"

社会主义公有制是我国经济制度的基础。全民所有制和劳动群众集体所有制是我国社会主义公有制的两种基本形式。全民所有制经济即国有经济，是国民经济中的主导力量，控制着国家的经济命脉，决定着国民经济的社会主义性质。我国宪法规定，国家保障国有经济的巩固和发展。国家保护城乡集体经济组织的合法的权利和利益，鼓励、指导和帮助集体经济的发展。个体、私营等各种形式的非公有制经济是社会主义市场经济的重要组成部分，对充分调动社会各方面的积极性、加快生产力发展具有重要作用。国家保护个体经济、私营经济等非公有制经济的合法权利和利益。国家鼓励、支持和引导非公有制经济的发展，并对非公有制经济依法实行监督和管理。坚持平等保护物权，形成各种所有制经济平等竞争、相互促进的新格局。

二、我国的实体法律部门

目前，我国现行有效法律已有260多部，中国特色社会主义法律体系已经形成并不断发展。其中，实体法律部门包括宪法相关法、民商法、行政法、经济法、社会法、刑法等。

（一）宪法相关法

在中国特色社会主义法律体系中，宪法是根本大法，是国家活动的总章程。我国制定了全国人民代表大会和地方各级人民代表大会选举法、地方各级人民代表大会和地方各级人民政府组织法等法律，建立了人民代表大会代表和国家机构领导人员选举制度，为保证人民当家作主提供了制度保障，为国家机构的产生提供了合法基础；制定了全国人民代表大会组织法、国务院组织法、人民法院组织法、人民检察院组织法等法律，建立了有关国家机构的组织、职权和权限等方面的制度；制定了香港特别行政区基本法、澳门特别行政区基本法，建立了特别行政区制度，保持了香港、澳门的长期繁荣和稳定;制定了居民委员会组织法和村民委员会组织法,建立了城乡基层群众自治制度;制定了缔结条约程序法、领海及毗连区法、专属经济区和大陆架法、反分裂国家法和国旗法、国徽法、国歌法等法律,建立了维护国家主权和领土完整的法律制度,捍卫了国家的根本利益;制定了集会游行示威法、国家赔偿法等法律以及民族、宗教、信访、出版、社团登记方面的行政法规,保障了公民基本政治权利。

(二)民商法

民商法是规范社会民商事活动的基础性法律。我国制定的民法总则是民法典的开篇之作,在民法典中起统领性作用。我国还制定了合同法、物权法、农村土地承包法等法律,建立健全了债权制度和包括所有权、用益物权、担保物权的物权制度;制定了侵权责任法,完善了侵权责任制度;制定了婚姻法、收养法、继承法等法律,建立和完善了婚姻家庭制度;制定了涉外民事关系法律适用法,健全了涉外民事关系法律适用制度;制定了公司法、合伙企业法、个人独资企业法、商业银行法、证券投资基金法、农民专业合作社法等法律,建立健全了商事主体制度;制定了证券法、海商法、票据法、保险法等法律,建立健全了商事行为制度,海上贸易、票据、保险、证券等市场经济活动制度逐步建立并迅速发展。此外,我国高度重视保护知识产权,颁布实施了专利法、商标法、著作权法和计算机软件保护条例等以保护知识产权为主要内容的法律法规,更加突出对创新型国家建设、科技进步与创新的法律保护。

(三)行政法

行政法是调整有关国家行政管理活动的法律规范的总和。我国制定了行政处罚法,确立了处罚法定、公正公开、过罚相当、处罚与教育相结合等基本原则,规范了行政处罚的设定、决定和执行程序、听证制度、行政相对人权利保障等;制定了行政复议法,规定了行政机关内部自我纠正错误的机制,为公民、法人和其他组织的合法权益提供救济;制定了行政许可法,规定了行政许可的设定、实施机关和实施程序,规范了行政许可制度等;制定了行政强制法,明确了设定和实施行政强制的原则,规范了行政强制的种类、设定权限、实施主体和实施程序。我国还制定了环境保护法、公务员法、居民身份证法、治安管理处罚法、教育法、义务教育法、高等教育法、科学技术进步法、文物保护法、药品管理法、传染病防治法、体育法、食品安全法、国防动员法、兵役法、国家安全法、网络安全法等，这些法律制度大大促进了行政机关依法行政和法治政府建设。

（四）经济法

经济法是指国家从社会整体利益出发，对经济活动实行干预、管理或者调控的法律规范。我国制定了预算法、价格法、中国人民银行法等法律，对经济活动实施宏观调控和管理；制定了企业所得税法、个人所得税法、车船税法、税收征收管理法等法律，不断健全税收制度；制定了银行业监督管理法、反洗钱法等法律，对金融行业的安全运行实施监督管理；制定了农业法、种子法、农产品质量安全法等法律，保障农业发展和国家粮食安全；制定了铁路法、公路法、民用航空法、电力法等法律，对重要行业实施监督管理和产业促进；制定了土地管理法、森林法、水法、矿产资源法等法律，规范重要自然资源的合理开发和利用；制定了节约能源法、可再生能源法、循环经济促进法、清洁生产促进法等法律，促进能源的有效利用和可再生能源开发，制定了反不正当竞争法、反垄断法等法律，保障市场主体之间的公平、有序竞争。

（五）社会法

社会法是调整劳动关系、社会保障、社会福利和特殊群体权益保障等方面的法律规范。我国制定了劳动法，将劳动关系以及与劳动关系密切联系的劳动保护、劳动安全卫生、职业培训以及劳动争议、劳动监察等关系纳入调整范围，确立了我国的基本劳动制度；制定了矿山安全法、职业病防治法、安全生产法等法律，对安全生产、职业病预防等事项作了规定；制定了劳动合同法、就业促进法和劳动争议调解仲裁法，建立健全了适应社会主义市场经济的劳动合同、促进就业和解决劳动争议的制度；制定了红十字会法、公益事业捐赠法和慈善法等法律，建立健全了促进社会公益事业发展和管理的制度；制定了工会法，确定了工会在国家政治、经济和社会生活中的地位。我国制定了社会保险法，确立了覆盖城乡全体居民的社会保险体系，建立了基本养老保险、基本医疗保险、工伤保险、失业保险和生育保险五项保险制度，保障公民在年老、患病、工伤、失业、生育等情况下，能够获得必要的物质帮助和生活保障。

（六）刑法

刑法是规定犯罪与刑罚的法律规范。我国刑法规定了罪刑法定、法律面前人人平等、罪刑相适应等基本原则。罪刑法定原则是指法律明文规定为犯罪行为的，依照法律定罪处刑，法律没有明文规定为犯罪行为的，不得定罪处刑；法律面前人人平等原则是指对任何人犯罪，在适用法律上一律平等，不允许任何人有超越法律的特权；罪刑相适应原则是指刑罚的轻重，应当与犯罪分子所犯罪行和承担的刑事责任相适应。我国刑法规定了犯罪的概念，明确了犯罪构成及其要件，规定了正当防卫、紧急避险等排除社会危害性的行为；规定了刑罚的种类，包括管制、拘役、有期徒刑、无期徒刑、死刑五种主刑以及罚金、剥夺政治权利、没收财产三种附加刑，对于犯罪的外国人可以适用驱逐出境；规定了自首、立功、缓刑、减刑、假释、社区矫正等刑罚制度；规定了危害国家安全罪、危害公共安全罪、破坏社会主义市场经济秩序罪、侵犯公民人身权利和民主权利罪、侵犯财产罪、妨害社会管理秩序罪、危害国防利益罪、贪污贿赂罪、渎职罪和军人违反职责罪10类犯罪行为及其刑事责任，规定了背叛国家罪等460多个具体罪名。

三、我国的程序法律部门

诉讼与非诉讼程序法是调整因诉讼活动和非诉讼活动而产生的社会关系的法律规范的总和。我国的程序法律部门包括诉讼法与非诉讼程序法。诉讼与非诉讼程序法是规范解决社会纠纷的诉讼活动与非诉讼活动的法律规范。

（一）诉讼法

诉讼法包括刑事诉讼法、民事诉讼法和行政诉讼法。

刑事诉讼法规定，一切公民在适用法律上一律平等，尊重和保障人权，人民法院、人民检察院依法独立公正行使审判权、检察权，人民法院、人民检察院、公安机关分工负责、互相配合、互相制约，保证犯罪嫌疑人、被告人获得辩护，未经人民法院依法判决，对任何人不得确定有罪等刑事诉讼的基本原则和制度，并规定了管辖、回避、辩护、证据、强制措施、侦查、起诉、审判、执行等制度和程序，有效保证了刑法的正确实施。

民事诉讼法，确立了当事人有平等的诉讼权利、根据自愿和合法的原则进行调解、公开审判、两审终审等民事诉讼的基本原则和制度，明确了诉讼当事人的诉讼权利和诉讼义务，规范了证据制度，规定了第一审普通程序、第二审程序、简易程序、特别程序、审判监督程序等民事审判程序，还对执行程序、强制执行措施作了明确规定。

行政诉讼法明确规定，公民、法人和其他组织认为自己的合法权益被行政机关及其工作人员侵犯时，有权依法向人民法院提起行政诉讼，人民法院依法对行政案件独立行使审判权，保障公民的合法权益，促进了行政机关依法行使行政职权。

（二）非诉讼程序法

我国非诉讼程序法律制度包括仲裁法、人民调解法、引渡法、海事诉讼特别程序法、劳动争议调解仲裁法、农村土地承包经营纠纷调解仲裁法等法律。

仲裁法规范了国内仲裁与涉外仲裁机构的设立，明确规定仲裁委员会独立于行政机关，从机构设置上保证了仲裁委员会的独立性，明确将自愿、仲裁独立、一裁终局等原则作为仲裁的基本原则，系统规定了仲裁程序。

人民调解法完善了人民调解制度，规范了人民调解的组织和程序，及时解决民间纠纷，维护社会和谐稳定，明确规定了在当事人自愿、平等的基础上进行调解；不违背法律、法规和国家政策；尊重当事人的权利，不得因调解而阻止当事人依法通过仲裁、行政、司法等途径维护自己的权利等原则。

我国各项法律制度，涵盖了国家和社会关系的各个方面，为依法治国，实现国家治理体系和治理能力现代化奠定了坚实的制度基础，是国家长治久安、人民安居乐业的根本保障。

第三节　建设中国特色社会主义法治体系

教学视频6-4

一、建设中国特色社会主义法治体系的重大意义

全面依法治国，是国家治理的一场深刻革命。全面依法治国的总目标就是建设中国特色社会主义法治体系、建设社会主义法治国家，这具有重大的意义。

首先，建设社会主义法治体系、建设社会主义法治国家是中国特色社会主义的本质要求和重要保障。新时代中国特色社会主义的总任务是实现社会主义现代化和中华民族伟大复兴，在全面建成小康社会的基础上，分两步走在本世纪中叶建成富强民主文明和谐美丽的社会主义现代化强国。中国特色社会主义法治体系为这一总任务的实现提供了推动力量和制度保障。

其次，建设社会主义法治体系、建设社会主义法治国家是推进国家治理体系和治理能力现代化的重要举措。国家治理体系就是在党的领导下管理国家的制度体系，包括经济、政治、文化、社会、生态文明和党的建设等各领域体制机制、法律法规安排，是一整套紧密相连、相互协调的国家制度。运用国家制度管理社会各方面事务的能力，体现了一个国家的治理能力。推进国家治理体系和治理能力的现代化，要适应时代变化，既改革不适应实践发展要求的体制机制、法律法规，又不断构建新的体制机制、法律法规，使各方面制度更加科学、更加完善。

最后，建设社会主义法治体系、建设社会主义法治国家是全面依法治国的总抓手。建设中国特色社会主义法治体系、建设社会主义法治国家明确了全面依法治国的性质和方向，也突出了全面依法治国的工作重点。全面推进依法治国，涉及立法、执法、司法、守法等各个方面，涉及中国特色社会主义事业“五位一体”总体布局的各个领域，必须加强顶层设计、统筹谋划。建设中国特色社会主义法治体系是总揽全局、牵引各方的总抓手，必须从依法治国、依法执政、依法行政共同推进和法治国家、法治政府、法治社会一体建设方面，对法治中国建设作出战略部署和总体安排。

二、建设中国特色社会主义法治体系的主要内容

建设中国特色社会主义法治体系，主要包括以下五个方面：形成完备的法律规范体系、高效的法治实施体系、严密的法治监督体系、有力的法治保障体系，形成完善的党内法规体系。

第一，完备的法律规范体系。完备的法律规范体系，是以宪法为核心，

由部门齐全、结构严谨、内部协调、体例科学、调整有效的法律及其配套法规所构成的法律规范系统。完善法律规范体系的基本要求包括:坚持立法先行,发挥立法在改革开放和经济社会发展中的引领和推动作用,加快完善法律、行政法规、地方性法规体系,为全面依法治国提供基本遵循;科学立法、民主立法、依法立法,坚持上下有序、内外协调、科学规范、运行有效的原则,立改废释并举,实现从粗放立法向精细立法转变。

第二,高效的法治实施体系。高效的法治实施体系,是指执法、司法、守法等各个环节有效衔接、协调高效运转、持续共同发力,实现效果最大化的法治实施系统。完善法治实施体系的重点内容包括:健全宪法实施制度,把树立宪法权威作为全面推进依法治国的重大事项抓紧抓好;加快建设职能科学、权责法定、执法严明、公开公正、廉洁高效、守法诚信的法治政府,依法全面履行政府职能,完善行政组织和行政程序法律制度,健全依法决策机制,深化行政执法体制改革,坚持严格规范公正文明执法;深化司法体制综合配套改革,规范司法行为,提高司法公信力,努力让人民群众在每一个司法案件中感受到公平正义。

第三,严密的法治监督体系。它以有权必有责、用权受监督、违法必追究,坚决纠正有法不依、执法不严、违法不究行为等为主要任务,是宪法法律有效实施的重要保障,是加强对权力运行制约和监督的迫切要求。完善法治监督体系的重点内容包括:健全宪法实施和监督制度;强化对行政权力的制约和监督;加强对司法活动的监督;发挥党内监督、人大监督、民主监督、行政监督、司法监督、审计监督、社会监督、舆论监督的合力,推进法治监督工作规范化、程序化、制度化,形成对法治运行全过程全方位的监督;深化国家监察体制改革,依法建立党统一领导的反腐败工作机构,构建集中统一、权威高效的国家监察体系。

第四,有力的法治保障体系。有力的法治保障体系,是指在法律制定、实施和监督过程中形成的结构完整、机制健全、资源充分、富有成效的保障系统。完善法治保障体系的重点内容包括:切实加强和改进党对全面依法治国的领导,提高依法执政能力和水平,为全面依法治国提供有力的政治和组织保障;加强高素质法治专门队伍和法律服务队伍建设,提高法治工作队伍和法律服务队伍思想政治素质,为全面依法治国提供坚实的人才和物质保障。

第五,完善的党内法规体系。完善的党内法规体系,是指科学、程序严密、配套完备、运行有效的党内制度及其运行、保障体系。完善党内法规体系的重点内容包括在党章之下分为党的组织法规制度、党的领导法规制度、党的自身建设法规制度、党的监督保障法规制度。完善党内法规体系的总目标是到建党100周年时形成比较完善的党内法规制度体系、高效的党内法规制度实施体系、有力的党内法规制度建设保障体系,党依据党内法规管党治党的能力和水平显著提高。

三、全面依法治国的基本格局

教学视频6-5

“科学立法、严格执法、公正司法、全民守法”十六字方针,展现了全面依法治国的基本格局。推进全面依法治国,必须从立法、执法、司法、守法四个方面统筹推进。

第一,科学立法。科学立法以完善以宪法为核心的中国特色社会主义法律体系,加强宪法实施为目标。要坚持以民为本、立法为民理念,使每一项立法都符合宪法精神,反映人民意志,得到人民拥护。加强重点领域立法,加快完善体现权利公平、机会公平、规则公平的法律制度,编纂民法典,保障公民人身权、财产权、基本政治权利等各项权利不受侵犯,保障公民各方面权利得到落实。实现立法和改革决策相衔接,做到重大改革于法有据、立法主动适应改革和经济社会发展需要。要把公正、公平、公开原则贯穿立法全过程,完善立法体制机制,增强法律法规的及时性、系统性、针对性、有效性。加强党对立法工作的领导,完善党对立法工作中重大问题决策的程序,健全有立法权的人大主导立法工作的体制机制,依法赋予设区的市以地方立法权。深入推进科学立法、民主立法,完善立法项目征集和论证制度,健全立法机关主导、社会各方面有序参与立法的途径和方式,拓宽公民有序参与立法的途径。

第二,严格执法。严格执法以深入推进依法行政,加快建设法治政府为目标。要加快建设职能科学、权责法定、执法严明、公开公正、廉洁高效、守法诚信的法治政府,推进各级政府机构、职能、权限、程序、责任法定化,推行政府权力清单制度。深化行政执法体制改革，坚持严格规范公正文明执法，依法惩处各类违法行为，加大关系群众切身利益的重点领域执法力度，建立健全行政裁量权基准制度，全面落实行政执法责任制。全面推进政务公开，推进决策公开、执行公开、管理公开、服务公开、结果公开。健全依法决策机制，把公众参与、专家论证、风险评估、合法性审查、集体讨论决定确定为重大行政决策法定程序，建立行政机关内部重大决策合法性审查机制，建立重大决策终身责任追究制度及责任倒查机制。

第三，公正司法。公正是法治的生命线，是司法活动最高的价值追求。要完善确保依法独立公正行使审判权和检察权的制度，建立领导干部干预司法活动、插手具体案件处理的记录、通报和责任追究制度，建立健全司法人员履行法定职责保护机制。要保障人民群众参与司法，完善人民陪审员制度，构建开放、动态、透明、便民的阳光司法机制。加强人权司法保障，强化诉讼权利保障，健全落实罪刑法定、疑罪从无和非法证据排除等法律原则的法律制度，加强对刑讯逼供和非法取证的源头预防，健全冤假错案有效防范和及时纠正机制。加强对司法活动的监督，完善人民监督员制度。规范媒体对案件的报道，防止舆论影响司法公正。对因违法违纪被开除公职的司法人员、吊销执业证书的律师和公证员，终身禁止从事法律职业。要优化司法职权配置，推动实行审判权和执行权相分离的体制改革试点，最高人民法院设立巡回法庭，探索设立跨行政区划的人民法院和人民检察院，探索建立检察机关提起公益诉讼制度。要坚持严格司法，推进以审判为中心的诉讼制度改革，确保侦查、审查起诉的案件证据经得起法庭的检验，保证庭审在查明事实、认定证据、保护诉权、公正裁判中发挥决定性作用。公正司法是维护社会公平正义的最后一道防线。要保证公正司法，提高司法公信力，努力让人民群众在每一个司法案件中都能感受到公平正义。

第四，全民守法。法律的权威源自人民的内心拥护和真诚信仰。全民守法以增强全民法治观念，推进法治社会建设为目标。要弘扬社会主义法治精神，建设社会主义法治文化，增强全社会厉行法治的积极性和主动性，形成守法光荣、违法可耻的社会氛围。推动全社会树立法治意识，深入开展法治宣传教育，把法治教育纳入国民教育体系和精神文明创建内容。要推进多层次多领域依法治理，坚持系统治理、依法治理、综合治理、源头治理，深化基层组织和部门、行业依法治理，支持各类社会主体自我约束、自我管理，发挥市民公约、乡规民约、行业规章、团体章程等社会规范在社会治理中的积极作用。

第四节　坚持走中国特色社会主义法治道路

教学视频6-6

走中国特色社会主义法治道路，必须坚持中国共产党的领导，坚持人民主体地位，坚持法律面前人人平等，坚持依法治国和以德治国相结合，坚持从中国实际出发。

一、坚持中国共产党的领导

法是党的主张和人民意愿相统一的体现，党和法、党的领导和依法治国是高度统一的。全面依法治国，方向要正确，政治保证要坚强，不能把党的领导和依法治国两者对立起来。社会主义法治必须坚持党的领导，党的领导必须依靠社会主义法治。坚持党的领导，是社会主义法治的根本要求，是全面依法治国的题中应有之义。要把党的领导贯彻到依法治国全过程和各方面，坚持党的领导、人民当家作主、依法治国有机统一。依法治国是我们党提出来的，把依法治国上升为党领导人民治理国家的基本方略也是我们党提出来的，而且党一直带领人民在实践中推进依法治国。只有在党的领导下依法治国、厉行法治，人民当家作主才能充分实现，国家和社会生活法治化才能有序推进。我国人民民主与西方所谓的“宪政”本质上是不同的。习近平同志指出：“我们讲依宪治国、依宪执政，不是要否定和放弃党的领导，而是强调党领导人民制定宪法和法律，党领导人民执行宪法和法律，党自身必须在宪法和法律范围内活动。”

党领导立法，就是抓住提高立法质量这个关键，完善以宪法为核心的中国特色社会主义法律体系，坚持立法先行，发挥立法的引领和推动作用。党保证执法，就是深入推进依法行政，建设职能科学、权责法定、执法严明、公开公正、廉洁高效、守法诚信的法治政府。党支持司法，就是要保证公正司法，提高司法公信力。党带头守法，就是要带头弘扬社会主义法治精神，建设社会主义法治文化，形成守法光荣、违法可耻的社会氛围，使全体人民都成为社会主义法治的忠实崇尚者、自觉遵守者、坚定捍卫者。坚持党的领导，不是一句空的口号，必须具体体现在党领导立法、保证执法、支持司法、带头守法上。

二、坚持人民主体地位

坚持人民主体地位是依法治国的基本原则。必须把人民当家作主贯彻到依法治国的全过程之中，保证人民的广泛参与。协商民主保证了人民在日常政治生活中有广泛持续深入参与的权利，具有广泛、多层、制度化的特点，包括了政党协商、人大协商、政府协商、政协协商、人民团体协商、基层协商、社会组织协商，其中人民政协协商是社会主义协商民主的重要渠道和专门协商机构。人民代表大会制度是保证人民当家作主的根本政治制度，保证了人民依法民主选举、民主协调、民主决策、民主管理、民主监督，维护国家法制统一、尊严权威。

人民权益要靠法律保障，法律权威要靠人民维护。依法治国的根本目的是实现人民幸福，尊重和保障人权。要把体现人民利益、反映人民愿望、维护人民权益、增进人民福祉落实到依法治国全过程，保证人民在党的领导下，依照法律规定，通过各种途径和形式，行使管理国家事务和社会事务、管理经济和文化事业的权利。在立法上，要保证人民的意志和利益得到体现，也保证人民能有充分的机会表达自己的意见，使每项立法都体现人民意志，都得到人民的拥护。在法律实施上，要确保立法上体现的人民意志得到实现，要保障人民依法享有各种程序性权利，通过法律的实施切实维护自己的合法权利。坚持人民主体地位，必须坚持法治建设为了人民、依靠人民、造福人民、保护人民，以保障人民根本权益为出发点和落脚点，保证人民依法享有广泛的权利和自由、承担应尽的义务，维护社会公平正义，促进共同富裕，为保证人民当家作主提供坚实的法治基础。

三、坚持法律面前人人平等

坚持法律面前人人平等，要坚决反对特权思想和特权现象。“把权力关进制度的笼子”,要求不管职务多高、资历多深、贡献多大,都要严格按法律办事,坚持法律面前人人平等、遵守法律制度没有特权、执行法律制度没有例外,让权力不再任性。强化法律制度刚性,对违反法律、逾越红线的行为和现象一查到底,真正让法律发力、禁令生威。

坚持法律面前人人平等,只要是正当权益诉求,就应当在法律上得到平等对待;只要是合法权益,就应当依法得到平等保护。要着力反歧视,特别要强调弱势群体合法利益的法律保护。要求公民不分民族、种族、性别、职业、家庭出身、宗教信仰、教育程度、财产状况、居住期限等,都应当平等享受公民权利、平等履行公民义务。坚持法律面前人人平等,一方面要违法必究,一切违反宪法法律的行为都必须予以追究。法治意味着不管什么人,不管涉及谁,只要违反法律就要依法追究责任。另一方面,要非歧视,即无差别地对待。平等是社会主义法律的基本属性,是社会主义法治的基本要求。坚持法律面前人人平等,对于坚持走社会主义法治道路具有十分重要的意义。第一,它可以充分显示中国特色社会主义制度的优越性,使人民在依法治国中的主体地位得到尊重和保障,从而有利于增强人民群众的主人翁意识和责任感。第二,它鲜明地反对法外特权、法外开恩,对掌握公权力的人形成制约,从而有利于预防特权思想和各种潜规则的侵蚀。第三,它鲜明地反对法律适用上的各种歧视,有利于贯彻执行“以事实为依据、以法律为准绳”的司法原则。第四,它要求人人都严格依法办事,既充分享有法律规定的各项权利,又切实履行法律规定的各项义务,有利于维护法律权威、健全社会主义法治,确保实现全面依法治国的总目标。

四、坚持依法治国和以德治国相结合

法治发挥作用要以国家强制力为后盾,主要依靠法律的预测作用、惩罚作用、威慑作用和预防作用对公民和社会组织的行为进行约束,并对违反法律的行为追究法律责任;德治发挥作用主要通过人们的内心信念、传统习俗、社会舆论等进行道德教化,并对违反道德的行为进行道德谴责。法治是治国理政的基本方式,依法治国是基本方略,法治具有根本性、决定性和统一性,它强调对任何人都一律平等,任何人都必须遵守法律。德治是治国理政的重要方式,以德治国就是通过在全社会培育、弘扬社会主义核心价值观和社会主义道德,对不同人群提出有针对性的道德要求。正确认识法治和德治的地位。对国家和社会治理而言,法治和德治都非常重要且不可或缺。

正确认识法治和德治的作用。法治和德治对社会成员都具有约束作用，法律规范和道德规范也都具有必须遵守的性质，但约束作用的内在要求和表现形式不同，行为人违反两种规范以后承担的后果也不相同。

正确认识法治和德治的实现途径。法治和德治的实现方式和实施载体不同。法治主要依靠制定和实施法律规范的形式来推进和实施，国家要保护什么、不保护什么，倡导什么、禁止什么，都得有明确的法律依据，实行法有禁止不得为，体现的是规则之治。德治主要依靠培育和弘扬道德等途径来推进和实施，道德是内心的法律，以价值、精神和理念等形式表现出来，引导人们自觉地在行动上符合道德才可为，违反道德不可为。

推动法治和德治的相互促进。一是强化道德对法治的支撑作用。坚持依法治国和以德治国相结合，应重视发挥道德的教化作用，提高全社会文明程度，为全面依法治国创造良好人文环境；在道德体系中体现法治要求，发挥道德对法治的滋养作用，努力使道德体系同社会主义法律规范相衔接、相协调、相促进；在道德教育中突出法治内涵，注重培育人们的法律信仰、法治观念、规则意识，引导人们自觉履行法定义务、社会责任、家庭责任，营造全社会都讲法、守法的文化环境。二是把道德要求贯彻到法治建设中。以法治承载道德理念，道德才有可靠制度支撑。法律法规要树立鲜明道德导向，弘扬美德义行，立法、执法、司法都要体现社会主义道德要求，使社会主义法治成为良法善治。要把实践中广泛认同、较为成熟、操作性强的道德要求及时上升为法律规范，引导全社会崇德向善。要坚持严格执法，弘扬真善美，打击假恶丑。要坚持公正司法，发挥司法断案惩恶扬善功能。三是运用法治手段解决道德领域突出问题。法律是底线的道德，也是道德的保障。要加强相关立法工作，依法加强对群众反映强烈的失德行为的整治。例如，对突出的诚信缺失问题，既要抓紧建立覆盖全社会的征信系统，又要完善守法诚信褒奖机制和违法失信惩戒机制，使人不敢失信、不能失信；对见利忘义、制假售假的违法行为，要加大执法力度，让败德违法者受到惩治、付出代价。法治和德治，是治国理政不可或缺的两种方式，如车之两轮或鸟之两翼，忽视其中任何一个，都将难以实现国家的长治久安。只有让法治和德治共同发挥作用，才能使法律与道德相辅相成，法治与德治相得益彰，做到法安天下，德润人心。

五、坚持从中国实际出发

建设法治中国，必须从我国实际出发，同完善和发展中国特色社会主义制度、推进国家治理体系和治理能力现代化相适应，既不能罔顾国情、超越阶段，也不能因循守旧、墨守成规。走什么样的法治道路、建设什么样的法治体系，是由一个国家的基本国情决定的。当前，中国特色社会主义进入新时代，社会主要矛盾已经转化为人民日益增长的美好生活需要和不平衡不充分的发展之间的矛盾。

要汲取中华传统法律文化精华，总结和运用党领导人民探索社会主义法治道路的成功经验，围绕社会主义法治建设重大理论和实践问题，推进法治理论创新，构建符合中国实际、具有中国特色、体现社会发展规律的社会主义法治理论和话语体系，为依法治国提供理论指导和学理支撑。坚持从实际出发，就是要突出法治道路的中国特色、实践特色、时代特色。

必须坚持以马克思主义法学理论为指导，坚持以我为主、为我所用，合理吸收国外法治理论、法学概念、法律话语、法律方法，不能搞“全盘西化”，不能搞“全面移植”。从我国实际出发，不等于关起门来搞法治。坚持走中国特色社会主义法治道路，必须学习借鉴世界上优秀的法治文明成果。法治的精髓和要旨对于国家治理和社会治理具有普遍意义。学习借鉴不是简单的拿来主义，不能将某种法治理论或成果当成唯一准则，不能企图用一种法治模式来改造整个世界。

第五节　培养法治思维

教学视频6-7

一、法治思维及其内涵

(一)法治思维的含义与特征

法治思维是将法律作为判断是非和处理事务的准绳，它要求崇尚法治、尊重法律，善于运用法律手段解决问题和推进工作。法治思维包含以下几层含义：第一，法治思维以法治价值和法治精神为指导，蕴含着公正、平等、民主、人权等法治理念，是一种正当性思维；第二，法治思维以法律原则和法律规则为依据来指导人们的社会行为，是一种规范性思维；第三，法治思维以法律手段与法律方法为依托分析问题、处理问题、解决纠纷，是一种可靠的逻辑思维；第四，法治思维是一种符合规律、尊重事实的科学思维。因此，法治思维是一种融法律的价值属性和工具理性于一体的特殊的高级法律意识。

对公民而言，法治思维就是当自己的理想目标、思想感情、行为方式、权利诉求和利益关系等与法律的价值、规则或要求发生冲突时，能够服从法律，作出符合法律的选择，按照法律的指引实施自己的行为。培养法治思维，必须抛弃人治思维。法治思维与人治思维的区别集中体现在四个方面：一是在依据上，法治思维认为国家的法律是治国理政的基本依据，处理法律问题要以事实为根据、以法律为准绳；而人治思维的本质是主张人高于法或权大于法，它片面强调依赖个人的魅力、德性和才智来治国平天下。二是在方式上，法治思维以一般性、普遍性的平等对待方式调节社会关系，解决矛盾纠纷，坚持法律面前人人平等原则，具有稳定性和一贯性；而人治思维漠视规则的普遍适用性，按照个人意志和感情进行治理，治人者以言代法、言出法随、朝令夕改，具有极大的任意性和非理性。三是在价值上，法治思维强调集中社会大众的意志来进行决策和判断，是一种“多数人之治”的思维，避免陷入无政府主义或以民主之名搞乱社会；而人治思维是个人说了算的专断思维。四是在标准上，法治思维与人治思维的分水岭不在于有没有法律或者法律的多寡与好坏，而在于最高的权威究竟是法律还是个人。法治思维以法律为最高权威，强调“必须使民主制度化、法律化，使这种制度和法律不因领导人的改变而改变，不因领导人的看法和注意力的改变而改变”人治思维则奉个人的意志为最高权威，当法律的权威与个人的权威发生矛盾时，强调服从个人而非服从法律的权威。

（二）法治思维的基本内容

法治思维主要包括法律至上、权力制约、公平正义、权利保障、正当程序等内容。

第一，法律至上。法律至上是指在国家或社会的所有规范中，法律是地位最高、效力最广、强制力最大的规范。法律至上尤其指宪法至上，因为宪法具有最高的法律效力，是其他一切法律的依据。法律至上具体表现为法律的普遍适用性、优先适用性和不可违抗性。法律的普遍适用性，是指法律在本国主权范围内对所有人具有普遍的约束力。

第二，权力制约。权力制约是指国家机关的权力必须受到法律的规制和约束。国家工作人员就职时应当按照法律规定公开进行宪法宣誓。权力制约分为权力由法定、有权必有责、用权受监督、违法受追究四项要求。权力由法定，即法无授权不可为，是指国家机关的职权必须来自法律明确的授予。国家机关必须严格依照法律规定的权限范围行使职权，而不得行使法律未授予的权力。有权必有责，是指国家机关在获得权力的同时必须承担相应的职责和责任。当发生了属于其职权范围内的事项时，国家机关必须履行相应的管理职责。用权受监督，是指国家权力的运行和行使必须接受各种形式的监督，让人民监督权力，让权力在阳光下运行。违法受追究，是指国家工作人员违法行使权力必须受到法律的追究和制裁。养成权力制约思维，要求自觉运用权力、勇于监督权力，同时自觉监督宪法、法律的实施。在我国，国家权力是人民的，即一切权力为民所有；国家权力是为人民服务的，即一切权力为民所用。因此，只有依法对权力的配置和运行进行有效制约和监督，才能防止权力私用、权力滥用和权力腐败。

第三，公平正义。公平正义主要包括权利公平、机会公平、规则公平和救济公平。权利公平包括三重含义：一是权利主体平等，国家对每个权利主体“不偏袒”“非歧视”；二是享有的权利特别是基本权利平等；三是权利保护和权利救济平等。机会公平是指生活在同一社会中的成员拥有相同的发展机会和发展前景，反对任何形式的歧视。机会公平包括国家和社会要积极为社会成员的发展创造条件，并努力创造平等的起点；社会成员的发展进步权要受到同等尊重，不断拓展社会成员的发展领域；不仅要关注当代人的平等机会，还要考虑后代人的机会平等。规则公平是指对所有人适用同一的规则和标准，不得因人而异。包括法律规则面前人人平等、法律内容面前人人平等和法律保护面前人人平等，任何人不得享有法律之外的特权，任何人也不会被法律排除在保护之外。

第四，权利保障。权利保障具体包括公民权利的宪法保障、立法保障、行政保护和司法保障。首先，宪法保障是权利保障的前提和基础。其次，立法保障是权利保障的重要条件。宪法有关基本权利的规定一般较为原则，各项具体权利的保障由立法机关通过立法作出明确规定。再次，行政保护是权利保障的关键环节，行政机关在行使行政管理权的过程中必然要涉及处置社会成员的利益问题，很容易发生损害或侵犯公民权利的现象。最后，司法保障是公民权利保障的最后防线，既是解决个人之间权利纠纷的有效渠道，也是纠正和遏制行政机关侵犯公民权利的有力机制。

第五，正当程序。程序的正当，表现在程序的合法性、中立性、参与性、公开性、时限性等方面。合法性是指程序运行合乎法律的规定，有关机关或个人不得违反或变相违反；中立性是指程序设计和运行应平等地对待双方当事人，不得偏向任何一方；参与性是指案件或纠纷的利害关系人都有机会进入办案程序，充分表达自己的利益诉求和意见主张，为解决纠纷发挥作用；公开性是指程序运行的过程和结果应当向当事人和社会公开，以接受各方监督，防止办案不公和暗箱操作，让正义以人们看得见的方式实现；时限性是指程序的运行必须有合理的期限，符合时间成本和效率原则的要求，不得无故拖延或没有终结。

二、尊重和维护法律权威

（一）法律权威的含义

法律权威是指法律在社会生活中的作用力、影响力和公信力，是法律应有的尊严和生命。法律权威源自人民的内心拥护和真诚信仰。我国宪法法律是党的主张和人民意志的统一体现，具有最高的权威。法律有权威，必须维护法律权威，这本来是一个常识性问题，但真正理解和做到并不容易。一些人不把法律当回事，把个人意志凌驾于法律之上，藐视法律权威；一些人之所以走上犯罪道路，也与内心不信仰法律、行为不尊重法律有很大关系。法律是否具有权威，取决于四个基本要素：一是法律在国家和社会治理体系中的地位和作用，只有法律占主导地位和起决定作用，法律才具有权威；二是法律本身的科学程度，只有法律反映客观规律和人类理性，法律才具有权威；三是法律在实践中的实施程度，只有法律在实践中得到严格实施和遵循，法律才具有权威；四是法律被社会成员尊崇或信仰的程度，只有法律反映人民共同意愿且为人民真诚信仰，法律才具有权威。

我们要牢固树立宪法法律至上、法律面前人人平等、权由法定、权依法使等基本法治观念；面对各种危害法治、破坏法治、践踏法治的违法犯罪行为，克服事不关己、高高挂起的消极心态，敢于挺身而出、坚决斗争。因此，尊重法律权威，不仅要求尊重法律，更要求崇尚法治。只有思想上尊法崇法，才能在实践中守法护法。

（二）尊重和维护法律权威的重要意义

社会主义法治观念的核心要求和建设社会主义法治国家的前提条件。法律与国家前途、人民命运息息相关。树立法律权威，就是树立党和人民共同意志的权威；捍卫法律尊严，就是捍卫党和人民共同意志的尊严。对于推进国家治理体系和治理能力现代化、实现国家的长治久安极为重要。法律权威是国家治理的坚实基础和关键。以法安天下则天下安，依法治天下则天下治，这是千古不易的经验之谈。由于法律是一种超越个人意志的普遍性规则，并且具有稳定性和连续性，因此，当国家的最高权威系于法律时，任何组织和个人都不能拥有超越法律的特权，从而有助于保持政治与社会秩序的稳定和连续。

维护个人合法权益的根本保障。在现实生活中，我们每个人都可能会遇到这样或那样的个人权益受到侵害的问题。有人把当今社会称为风险社会，这种看法不无道理。在应对各种风险时如何维护和保障自身权益呢？实现人民意志、维护人民利益、保障人民权利的基本途径。我国法律保护和实现的是人民的根本利益。从本质上讲，尊重和维护法律权威，就是尊重和维护人民的根本利益和其他合法权益的具体实践，也是尊重和保障人权的具体实践。尊重和维护法律权威，对于弘扬社会主义法治精神，坚定全社会尊法、学法、守法、用法的自觉性，逐步树立社会主义法律信仰，让人民利益和权利得到有力保障和充分实现，具有重要意义。只有切实尊重和有效实施法律，人民当家作主才有保证，党和国家的事业才能顺利发展。反之，如果法律受到漠视、削弱甚至破坏，人民的权利和自由就无法保证，党和国家的事业就会遭受挫折。

在法治社会，要依靠有权威的法律。有权威的法律能够威慑人、警示人、保护人，防范违法犯罪行为，能够增强个人的安全感。因此，公民尊重和维护法律权威，也是对个人幸福的最大尊重和保护。

（三）尊重和维护法律权威的基本要求

就大学生而言，作为一个公民，要信仰法律、遵守法律、服从法律、维护法律，在尊重法律权威方面加强砥砺，在学习和生活中积极作为，养成敬畏法律的良好品质。

首先，信仰法律。应当相信法律、信奉法律，树立崇尚法律、信仰法律的牢固观念，增强对法律的信任感、认同感。如果对法律不信任，认为靠法律解决不了问题，而总是想找门路、托关系，或者采取极端行为，那就不可能建成法治社会。对法律常怀敬畏之心,常思敬重之情。法律必须被信仰,否则形同虚设。法律要发生作用,全社会都要信仰法律。

其次,遵守法律。参与社会活动,实施个人行为,都要以法律为依据,不得违反法律规范。在处理守法与违法的关系时,要防微杜渐,防止因小失大。在面临选择的重大关头,要依法冷静权衡,防止头脑发热或心存侥幸而铸成大错。在处理矛盾和冲突时,要法字当头,依法化解,谨防采取非法方式导致关系的紧张与事态的恶化。在创新创业活动中,要树立法治意识,学习和掌握工商企业法律规范、知识产权法律规范等,运用法律推进创新,转化成果,保护产权。

再次,服从法律。应当拥护法律的规定,接受法律的约束,履行法定的义务,服从依法进行的管理,承担相应的法律责任。对一切依据法律和事实作出的决定,真心接受与认可,自觉执行。如因违法受到行政处罚或者被依法采取行政强制措施的,要认真履行;对人民法院依法公正作出的生效裁判,要主动履行;对学校依据法律和校纪校规作出的各种奖惩决定,要严格执行。在日常生活中逐步培养尊重法律权威的习惯。

最后,维护法律。争当法律权威的守望者、公平正义的守护者、具有良知的护法者。对违法犯罪行为,要敢于揭露、勇于抵制,消除袖手旁观、畏缩不前的恐惧心理,抵制遇事回避的惧法现象。这对践行法律、弘扬正气起到了极大的推动作用。所以,大学生要遵法守规、抑恶扬善,做新时代的护法使者。

三、怎样培养法治思维

大学生可以通过各种途径学习法律知识、掌握法律方法、参与法律实践、养成守法习惯等,在学习和生活中逐渐提高法治思维能力,培养法治思维方式。

首先,学习法律知识。学习法律知识,就要求弄明白享有哪些权利和应当履行哪些义务,什么事能干、什么事不能干,心中高悬法律的明镜,手中紧握法律的戒尺。法律知识通常包括法律法规条文方面的知识和法律法治基本原理方面的知识,这两部分法律知识对于培养法治思维都很重要。其次,掌握法律方法。法律方法主要包括两个方面:一是正确理解法律的方法,包括理解法律条文的含义、内容和精神等。例如,抢劫与抢夺、定金与订金、合同的完全不履行与不完全履行等相近易混概念的理解。二是正确运用法律的方法。例如,债权人向对方债务人要债,而债务人未按约定清偿归还，经协商无效，债权人可以通过调解、仲裁和诉讼等途径解决，这就是运用法律方法，而拘禁债务人、哄抢物品就不是运用法律方法。

再次，参与法律实践。法治思维是在丰富的法律实践中训练、培养和应用的思维方式。脱离法治建设的生动实践，难以养成法治思维方式。只有通过参与各种法律活动，在法律实践中运用法律知识和方法思考、分析、解决法律问题，才能养成自觉的法治思维习惯。现在，人们参与法律实践的方式和途径越来越多。一是参与立法讨论。我国国家或地方的很多立法都要广泛征求意见或者进行听证，大学生可以参与这些立法的讨论，发表自己的有关意见。二是依法行使监督权。宪法和法律赋予公民对国家机关及其工作人员的行为是否合法进行监督的权利，包括提出批评、建议和申诉、控告、检举。大学生可以通过行使这些权利，进行法律监督。三是旁听司法审判。凡是人民法院公开审判的案件，都允许公民旁听，大学生可以向人民法院申请旁听法院庭审，了解案件的审判过程。四是参与模拟法庭、法律诊所、法律辩论等校园法治文化活动，增长法律知识，锻炼法治思维。最后，养成守法习惯。法治思维是一种习惯性思维，与长期自觉养成的生活习惯有很大关系。办事遇事习惯找“关系”，有问题习惯找政府，指望行政化手段干涉等，都是缺乏法治思维的具体表现，说明没有养成用法解决问题、依法办事的习惯。相反，在生产生活中养成遇到纠纷去查找法律的习惯，就是具备法治思维的具体表现。

第六节　依法行使权利与履行义务

教学视频6-8

一、法律权利与法律义务

法是以权利和义务为机制调整人的行为和社会关系的。享有法律权利的主体称为权利人，承担法律义务的主体称为义务人。我国公民享有广泛的权利，同时承担相应的义务；公民的权利和义务是平等的，任何人不得享有法外特权；公民的权利和义务是统一的，不允许任何人只享受法律权利，不履行法律义务。

（一）法律权利的含义与特征

法律权利是规定或隐含在法律规范中，主体以相对自由的作为或不作为的方式获得利益的一种手段。法律权利是各种权利中十分重要的权利，具有以下四个方面的特征：一是法律权利的内容、种类和实现程度受社会物质生活条件的制约。不能脱离一个国家或地区的经济社会发展阶段和水平空谈权利及其实现。二是法律权利的内容、分配和实现方式因社会制度和国家法律的不同而存在差异。同样一种权利，在不同的社会制度下和不同的国家法律中表现形式有所不同。如关于财产权，资本主义法律规定私有财产神圣不可侵犯，而社会主义法律首先规定公共财产神圣不可侵犯，同时规定公民合法的私有财产不受侵犯。三是法律权利不仅由法律规定或认可，而且受法律维护或保障，具有不可侵犯性。由国家强制力保障其实现，这是法律权利区别于其他权利的根本所在。四是法律权利必须依法行使，不能不择手段地行使法律权利。

法律义务是指反映一定的社会物质生活条件所制约的社会责任，是保障法律所规定的义务人应该按照权利人要求从事一定行为或不得从事一定行为以满足权利人利益的法律手段。只有承担法律义务的人履行法律义务，享有法律权利的人才能实现自己的合法权益。法律义务的履行表现为两种形式：一种是作为，是指义务人实施积极的行为；另一种是不作为，是指义务人不得实施某种行为。法律义务具有以下四个特点：第一，法律义务是历史的。法律义务的内容和履行方式随着经济社会的发展和人权保障的进步而不断调整和变化。第二，法律义务源于现实需要。一个国家或地区的制度性质、历史传统、文化背景、宗教信仰和安全形势等因素，会对法律义务的设定发生重要影响。第三，法律义务必须依法设定。法律义务必须由具有法律职权的国家机关依照法律程序设定，其他国家机关不得对公民违法设定法律义务。坚持义务法定，是法治国家和保障人权的重要方面。第四，法律义务可能发生变化。公民和社会组织承担的法律义务，在履行的过程中可能会因法定情形变更、消灭而产生新的法律义务。

（二）法律权利与法律义务的关系

在社会生活中，每个人既是享受法律权利的主体，又是承担法律义务的主体。在法治国家中，不存在只享受权利的主体，也不存在只承担义务的主体。法律权利与法律义务的关系，就像一枚硬币的两面，不可分割，相互依存。没有权利，义务的设定就失去了目的和根据；没有义务，权利的实现也就成为空话。

首先，法律权利和法律义务是相互依存的关系，法律权利的实现必须以相应法律义务的履行为条件。如只有开发商履行交房义务，购房人才能行使房主的权利；同样，法律义务的设定和履行也必须以法律权利的行使为根据，不存在没有权利根据的法律义务，如债务人的还款义务，来自于其先前取得权利人财物的行为。其次，法律权利与法律义务是目的与手段的关系。离开了法律权利，法律义务就失去了履行的价值和动力；离开了法律义务，法律权利也形同虚设。最后，有些法律权利和法律义务具有复合性的关系，即一个行为可以同时是权利行为和义务行为。如劳动的权利和义务，接受义务教育的权利和义务。

法律权利与法律义务平等，是现代法治的基本原则，是社会公平正义的重要方面。

首先，法律权利与法律义务平等表现为法律面前人人平等被确立为基本原则。根据这一原则，不允许一些人只享受权利不承担义务，或者多享受权利少承担义务，另一些人只承担义务不享受权利，或者多承担义务少享受权利，反对任何形式的厚此薄彼。其次，在法律权利和法律义务的具体设定上要平等。再次，权利与义务的实现要体现平等。法律权利与法律义务的平等实现，要求权利人只能按照权利的内容行使权利，不能“得理不饶人”，向义务人提出过分要求。同样，义务人必须满足权利人的合法权益，不得逃避应当承担的法律义务。

法律上的权利和义务，不能只是写在纸上的条文，要让它们成为现实中的权利和义务。大学生应当正确把握依法行使权利、履行义务的基本要求，既珍惜自己权利又尊重他人权利，既善于行使权利又自觉履行义务。在法律权利与法律义务相一致的情况下，一个人无论是行使权利还是履行义务，实际上都是对自己有利的。

二、依法行使法律权利

（一）我国宪法法律规定的基本权利

我国宪法法律规定了公民享有一系列权利，主要包括政治权利、人身权利、财产权利、社会经济权利、宗教信仰及文化权利等。

第一，政治权利，它的行使主要表现为公民参与国家、社会组织与管理的活动。政治权利主要包括：一是选举权利，即选举权与被选举权，是指人们参加创设或组织国家权力机关、代表机关所必需的选举权和被选举权。二是表达权，即公民依法享有的表达自己对国家公共生活的看法、观点、意见的权利。表达权利对于一个国家的政治、经济、文化、科技、道德的发展具有基础性作用。三是民主管理权，即公民根据宪法法律规定，管理国家事务、经济和文化事业以及社会事务的权利。四是监督权，即公民依据宪法法律规定监督国家机关及其工作人员活动的权利。公民的政治权利构成了实现人民主权原则及各种具体民主制度不可或缺的前提条件，反过来又体现了人民主权原则及各种具体民主制度的必然要求。

第二，人身权利，主要包括：一是生命健康权，即维持生命存在的权利。生命权是人最基本、最原始的权利，具有神圣性与不可转让性，不可非法剥夺，享有生命权是人享有其他各项权利的前提。二是人身自由权，即公民的人身自由不受非法搜查、拘禁、逮捕等行为侵犯的权利。人身自由是人们一切行动和生活的前提条件，包括人的身体不受拘束、人的行动自由、人身自由不受非法限制和剥夺等。三是人格尊严权，即与人身有密切联系的名誉、姓名、肖像等不容侵犯的权利。人格尊严是人之为人所应当享有的地位、待遇或尊重的总和，集中表现为人的自尊心和自爱心。人格尊严的基本内容有姓名权、肖像权、名誉权、荣誉权、隐私权。四是住宅安全权也称住宅不受侵犯权，即公民居住、生活、休息的场所不受非法侵入或搜查的权利。这里的“住宅”既包括固定居住的住宅，同时也包括临时性的住所。五是通信自由权，是指公民通过书信、电报、传真、电话及其他通信手段，根据自己的意愿进行通信，不受他人干涉的自由。

第三，财产权利，对个人而言，财产权是公民权利的重要内容，是公民在社会生活中获得自由与实现经济利益的必要途径。财产权主要包括：一是私有财产权。我国宪法规定，公民的合法的私有财产不受侵犯。公民一切具有财产价值的权利，不管是生活资料还是生产资料，不管是物权、债权还是知识产权，都应当受到保护。公民在其财产权受到侵犯时，有权要求侵权行为人停止侵害、返还财产、排除妨害、恢复原状、赔偿损失，或依法向人民法院提起诉讼。二是继承权，是指继承人依法取得被继承人遗产的资格。

第四，社会经济权利，主要包括：一是劳动权，是指一切有劳动能力的公民有获得劳动的机会和适当的劳动条件和报酬的权利。劳动权是公民赖以生存的基础，是行使其他权利的物质上的保障，包括平等就业和选择职业的权利、取得劳动报酬的权利、休息休假的权利、获得劳动安全卫生的权利、提请劳动争议处理的权利等。二是休息权，是指劳动者在付出一定的劳动以后所享有的休息和休养的权利，是劳动权存在和发展的基础。休息权和劳动权是密切联系的，休息权是提高劳动效率、保障劳动者的生活和身体健康所必需的。三是社会保障权，是指公民享有国家提供维持有尊严的生活的权利，如我国宪法规定的退休人员生活受到国家和社会的保障，国家建立健全同经济发展水平相适应的社会保障制度等。四是物质帮助权，是指公民在法定条件下获得国家物质帮助的权利，如国家发展为公民享受这些权利所需要的社会保险、社会救济和医疗卫生事业等。

第五，宗教信仰及文化权利，主要包括宗教信仰自由、文化教育权等。依法保障宗教信仰和文化权利，是公民创造和享受精神文化财富、推动精神文化发展不可或缺的条件。同时，公民行使宗教信仰和文化权利也必须受宪法法律约束。宗教信仰自由是指公民依据内心的信念，自愿地信仰宗教的自由，具体内容包括信仰宗教的自由、从事宗教活动的自由、举行或参加宗教仪式的自由等。文化教育权是公民在文化和教育领域享有的权利。文化权利有个人的文化权利和集体的文化权利之分，如由任何科学、文学或艺术作品所产生的精神上和物质上的利益受到保护的权利。

（二）行使法律权利的界限

首先，权利行使的目的。行使权利不得破坏公序良俗，妨碍法律的社会功能和法律价值的实现。如赋予公民言论自由权的目的在于保障思想自由，不能将该权利作为打击不同意见、钳制思想自由的手段；赋予公民宗教信仰自由的目的在于保障精神自由，不能借此宣传邪教和迷信思想。公民在行使法律权利时，不仅要在形式上符合相关法律的规定，也要符合立法意图和精神，不得违反宪法法律确定的基本原则，保障权利行使的正当性。

其次，权利行使的限度。我国宪法规定，公民在行使自由和权利的时候，不得损害国家的、社会的、集体的利益和其他公民的合法的自由和权利。我国物权法规定,物权的取得和行使,应当遵守法律,尊重社会公德,不得损害公共利益和他人合法权益。任何权利的行使都不是绝对的,都有其相应的限度,必须依照法律规定的限度来行使权利。

再次,权利行使的方式。根据我国民事诉讼法规定,起诉应当向人民法院递交起诉状,但书写起诉状确有困难的,可以口头起诉,由人民法院记入笔录,并告知对方当事人。权利行使的方式分为口头方式、书面方式和行为方式,有时口头方式和书面方式可以兼用。权利行使还可分为直接行使和间接行使,前者指权利主体直接行使权利,后者则指由其法定代理人或者委托代理人代为行使权利。

最后,权利行使的程序。通常情况下,行使权利的程序是法律规定的。如我国选举法对选举程序作了规定,包括确定选民资格、选民登记、发放选民证、推荐候选人、选举投票、确定当选人等流程;我国专利法对专利的申请、审查和批准程序作了规定,公民应当严格依照法律规定的程序行使相关权利。由于一个人行使权利的过程可能就是另一个人履行义务的过程,所以程序正当原则同样适用于权利行使过程。

三、依法履行法律义务

(一)公民应履行的基本法律义务

我国宪法特别规定了公民的基本义务。具体包括:维护国家统一和全国各民族团结的义务;遵守宪法和法律,保守国家秘密、爱护公共财产、遵守劳动纪律、遵守公共秩序、尊重社会公德的义务;维护祖国安全、荣誉和利益的义务;保卫祖国、抵抗侵略和依法服兵役、参加民兵组织的义务;依法纳税的义务。此外,公民还有劳动的义务和受教育的义务,夫妻双方有实行计划生育的义务,父母有抚养教育未成年子女的义务,成年子女有赡养扶助父母的义务等。

第一,维护国家统一和民族团结。国家统一也是公民实现法律权利与自由的前提。宪法和相关法律规定,禁止对任何民族的歧视和压迫,禁止破坏民族团结和制造民族分裂的行为;一切破坏民族团结和制造民族分裂的行为都将受到法律的追究。当代大学生应自觉同破坏国家统一、威胁国家公共安全的行为做坚决斗争,做有利于促进各民族文化交流的事。维护国家统一是整个社会共同体存在和发展的基础,也是以宪法为核心的整个法律制度存在的基础。对于维护和促进民族团结,大学生可以进行以下几方面的努力：尊重少数民族的风俗与文化习惯；参与乃至帮助不发达地区少数民族进行政治、经济、文化等方面的建设与发展；同一切危害民族团结的言论与行为作斗争。

第二，遵守宪法和法律。我国宪法规定了公民若干具体义务，包括：一是保守国家秘密。国家秘密是指涉及国家的安全与利益，尚未公开或不准公开的政治、经济、军事、公安、司法等秘密事项以及应当保密的文件、资料等。二是爱护公共财产。公共财产是指全民所有财产和劳动群众集体所有财产。社会主义的公共财产神圣不可侵犯，禁止任何组织或者个人用任何手段侵占或者破坏国家和集体的财产。三是遵守劳动纪律。劳动者在从事社会生产和工作时，必须遵守和执行劳动规则及其工作程序，维护劳动秩序。四是遵守公共秩序。公共秩序包括社会秩序、生产秩序、教学科研秩序等。每位公民必须维护公共秩序，并同一切违反公共秩序的行为作斗争。五是尊重社会公德。就是要尊重在社会交往和公共生活中应当遵守的道德标准和法律标准。

第三，维护国家安全、荣誉和利益。国家安全是指国家的领土完整和主权不受侵犯，国家政权不受威胁。国家安全是国家政权稳定和公民依法行使权利与自由的根本保障。维护国家荣誉是指国家的声誉和尊严不受损害，对有辱国家荣誉、损害国家利益的行为给予法律制裁。国家利益通常分为对外和对内两个方面。对外主要是指民族的政治、经济、文化等方面的权利和利益；对内主要是指公共利益。公民在享受宪法法律规定的权利与自由的同时，必须自觉地维护国家利益，正确处理国家、集体与个人利益之间的相互关系，不得有危害国家安全、荣誉和利益的行为，并同损害国家利益的行为作斗争。

第四，依法服兵役。我国兵役法规定，每年12月31日以前年满18周岁的男性公民，应当被征集服现役。我国兵役法对服兵役的主体作了限制性规定：依法被剥夺政治权利的人没有服兵役的资格；应征公民被羁押，正在受侦查、起诉、审判的，或者被判处徒刑、拘役、管制正在服刑的，不征集；应征公民是维持家庭生活的唯一劳动力或者正在全日制学校就学的学生的，可以缓征。

第五，依法纳税。根据我国个人所得税法的规定，在中国境内有住所，或者无住所而在境内居住满一年的个人，从中国境内和境外取得的所得，依法缴纳个人所得税。自觉纳税是爱国行为，偷税、漏税等行为是违法的、可耻的。

(二)违反法定义务应当承担的法律责任

法律责任主要包括民事责任、行政责任和刑事责任。

首先,民事责任是指由于违反民事法律规定、违约或者由于民法规定所应承担的一种法律责任。民事责任主要是财产责任,也可以是以人身、行为、人格等为责任承担内容的非财产责任;民事责任主要是一方当事人对另一方的责任;民事责任主要是补偿性的。其次,行政责任是指因违反行政法或因行政法规定而应承担的责任。对行政违法者的制裁包括行政处罚和行政处分。行政处罚是由国家行政机关对违反行政法律规定的行政相对人所实施的法律制裁;而行政处分是指国家行政机关对违反法律规定的行政人员所实施的法律制裁。最后,刑事责任是指行为人因其犯罪行为所必须承担的由国家司法机关代表国家依法所确定的否定性法律后果。即行为人实施刑事法律禁止的行为所必须承担的法律后果,负刑事责任意味着应受刑罚处罚。根据我国刑法的规定,刑事处罚包括主刑和附加刑两部分。

同步训练　　考研真题　　章节资料

参考文献

[1]习近平．习近平谈治国理政[M]．北京：外文出版社，2014.

[2]习近平．习近平谈治国理政[M]．第二卷．北京：外文出版社，2017.

[3]覃彪喜．读大学，究竟读什么[M]．广州：南方日报出版社，2006.

[4]蔡心竹．大学该怎么奔腾[M]．成都：成都时代出版社，2008.

[5]李开复．给中国学生的七封信[Z]．2004—2009.

[6]俞敏洪．在北京大学2008年开学典礼上的演讲[Z]．2008.

[7]张宏杰．一切从大学开始[M]．海口：海南出版社，2000.

[8]李睿．用幽默化解沉默：人际沟通中的成功法则[M]．北京：中国纺织出版社，2011.

[9]张建雄．当东方相遇西方：感受文化的分量[M]．北京：中国社科出版社，2011.

[10]习近平．在同各界优秀青年代表座谈时的讲话，十八大以来重要文献选编[M]．北京：中央文献出版社，2014.

[11]胡锦涛．在纪念辛亥革命一百周年大会上的讲话，十七大以来重要文献选编(下)[M]．北京：中央文献出版社，2013.

[12]王福军．中国梦与中国道路[M]．北京：中国文史出版社，2013.

[13]国家知识产权局直属机关党委．伟大的中国精神[M]．北京：知识产权出版社，2015.

[14]李开复．人活着为了什么[M]．北京：人民出版社，2007.

[15][英]培根．人生论[M]．北京：华龄出版社，2002.

[16][美]维克多·弗兰克尔．活出生命的意义[M]．北京：华夏出版社，2011.

[17]季羡林. 季羡林人生哲学系列丛书[M]. 西安:陕西师范大学出版社,2008.

[18]白山. 马云的人生哲学[M]. 北京:北京工业大学出版社,2011.

[19]张竞生. 北大大课堂:美的人生观[M]. 北京:北京大学出版社,2010.

[20][英]罗素. 西方哲学简史[M]. 文利,译. 西安:陕西师范大学出版社,2010.

[21]冯友兰. 中国哲学简史[M]. 赵复三,译. 北京:世界图书出版公司,2013.

[22][美]约瑟夫·J. 卢斯亚尼. 改变自己:心理健康自我训练[M]. 迟梦筠,孙燕,译. 重庆:重庆大学出版社,2012.

[23]李子勋. 心灵飞舞:李子勋谈心理健康[M]. 北京:中国广播电视出版社,2006.

[24][美]塞利格曼. 活出最乐观的自己[M]. 沈阳:万卷出版公司,2010.

[25][英]芭芭拉·弗里德里克森. 积极情绪的力量[M]. 北京:中国人民大学出版社,2010.

[26]曾仕强. 道德经的奥秘[M]. 西安:陕西师范大学出版社,2012.

[27]老子. 每天读点道德经[M]. 北京:中央编译出版社,2010.

[28]严群. 亚里士多德之伦理思想[M]. 北京:商务印书馆,2003.

[29]亚里士多德. 尼各马可伦理学[M]. 北京:商务印书馆,2003.

[30]肖群忠. 中国道德智慧十五讲[M]. 北京:北京大学出版社,2008.

[31][英]亚当·斯密. 道德情操论[M]. 谢宗林,译. 北京:中央编译出版社,2008.

[32]于丹. 论语感悟[M]. 北京:中华书局,2008.

[33]中共中央宣传部宣传教育局. 中国古代道德故事[M]. 北京:中共中央党校出版社,2006.

[34]罗国杰. 中国传统道德[M]. 北京:中国人民大学大学出版社,2012.

[35]朱自清. 北大大课堂:经典常谈[M]. 北京:北京大学出版社,2009.

[36]程社明．你的船你的海：职业生涯规划[M]．北京：新华出版社，2007．

[37][美]理查德·尼尔森·鲍利斯．你的降落伞是什么颜色[M]．北京：中信出版社，2010．

[38]马克思．青年在选择职业时的考虑[A]．//马克思恩格斯论教育[C]．北京：人民教育出版社，1958．

[39]成杰．永不放弃：马云给创业者的24堂课[M]．北京：中国华侨出版社，2011．

[40]赖芳，季辉．大学生恋爱与婚姻[M]．天津：天津大学出版社，2012．

[41]华姿．在爱中学会爱[M]．武汉：崇文书局，2010．

[42]苏霍姆林斯基．爱情的教育[M]．北京：教育科学出版社，2010．

[43]毕淑敏．幸福的七种颜色[M]．北京：北京十月文艺出版社，2010．

[44]曾仕强．人生有情最难得[M]．西安：陕西师范大学出版社，2010．

[45]邓小平．邓小平文选[M]．第3卷．北京：人民出版社，1994．

[46]江泽民．高举邓小平理论伟大旗帜，把建设有中国特色社会主义事业全面推向二十一世纪[M]．北京：人民出版社，1997．

[47]胡锦涛．十六大以来重要文献选编(上)[M]．北京：中央文献出版社，2005．

[48]赵国运．当代大学生最新法律读本[M]．郑州：郑州大学出版社，2007．

[49]中华人民共和国国务院新闻办公室．中国特色社会主义法律体系[M]．北京：人民出版社，2011．

[50]张文显．法理学[M]．第四版．北京：高等教育出版社，2011．

[51]徐中起．新编法律基础[M]．北京：中国经济出版社，2012．

[52]侯欣一．中国法律思想史[M]．北京：中国政法大学出版社，2012．

[53]曾宪义．中国法制史[M]．北京：高等教育出版社，2009．

[54]蒋碧昆．宪法学[M]．北京：中国政法大学出版社，2007．

[55]江平．民法学[M]．北京：中国政法大学出版社，2011．

[56][美]泰勒·本·沙哈尔．幸福的方法：哈佛大学最受欢迎的幸福课[M]．汪冰，刘骏杰，译．北京：中信出版社，2013．

[57]国务院法制办公室. 中华人民共和国合同法[M]. 北京:中国法制出版社,2012.

[58]宋朝武. 民事诉讼法学[M]. 北京:中国政法大学出版社,2012.

[59]法规应用研究中心. 刑法一本通[M]. 北京:中国法制出版社,2011.

[60]中共中央宣传部理论局. 法治热点面对面[M]. 北京:学习出版社、人民出版社,2015.